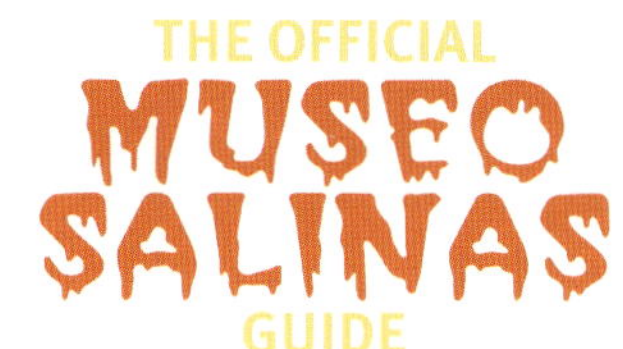
THE OFFICIAL
MUSEO
SALINAS
GUIDE

ACKNOWLEDGMENTS / AGRADECIMIENTOS

The Museo Salinas would like to thank the following people for their collaboration / El Museo Salinas agradece la colaboración de las siguientes personas: *Lorena Wolffer, Mariana Botey, Luis Felguérez, Rolo Castillo, Homero Santamaría, Miguel Vasallo, Jorge Juanes, Galerías Mentales, Jesús Juárez, Benjamín Díaz, Jeffrey Vallance, Rubén Ortiz Torres, Rogelio Villarreal, Nadia Garrido, Mago Melchor, Jesusa Rodríguez, Maldita Vecindad y los hijos del quinto patio, Antonio Turok, Mario Ybarra Jr., Dr. Lakra, Ximena Cuevas, Rury Fiestchel, Alejandra Villela, Martín Vargas y Carlos Martínez Rentería.*

As well as the support of / Asi como el apoyo de: *Tom Patchett, Pilar Pérez, Carlota Botey, Roberto Vázquez, Ana Terán, Conrado Tostado, Regina Martínez, Los Angeles Contemporary Exhibitions, 50 Bucks, Museo de la Ciudad de México y Festival del Centro Histórico.*

The Official Museo Salinas Guide

Editor: Pilar Perez
Design: Michele Perez
Copy Editor: Sherri Schottlaender
English translation: Richard Moszka
Spanish Copy Editor: Ana Terán

Photographs: pages 6–31 Vicente Razo;
objects, Rury Fiestchel, Martín Vargas
and Alejandra Villela

Vol. VII, no. 70
ISBN 1-889195-43-X
© 2002 Smart Art Press
Published by Smart Art Press
2525 Michigan Avenue, Building C1
Santa Monica, California 90404
(310) 264-4678 tel
(310) 264-4682 fax
www.track16.com

Distributed by DAP
155 Sixth Avenue, 2nd Floor
New York, NY 10013
(212) 627-1999 tel
(212) 627-9484 fax

Cover image: Cardboard Judas figure / Judas de cartón
Frontispiece: Mario Ybarra Jr., *Robo-Salinas*, plastic toys / muñecos de plástico, 1999
Table of Contents image: El Colegio Invisible, *Salinas Iluminatu*, ventriloquist mannequin / muñeco de ventriloco, 1997
Printed in Spain at Gráficas Jomagar.

THE OFFICIAL MUSEO SALINAS GUIDE

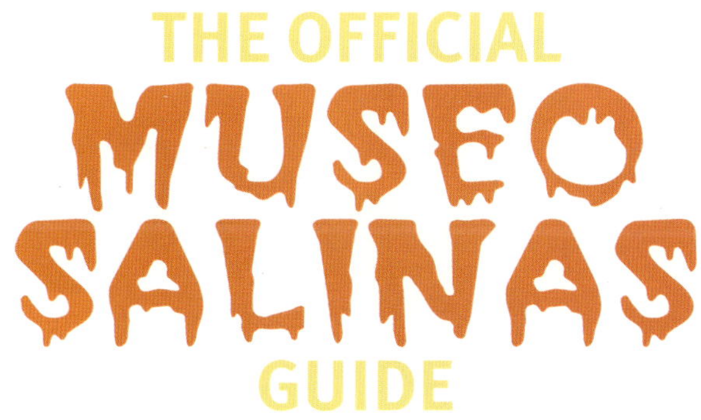

BY VICENTE RAZO

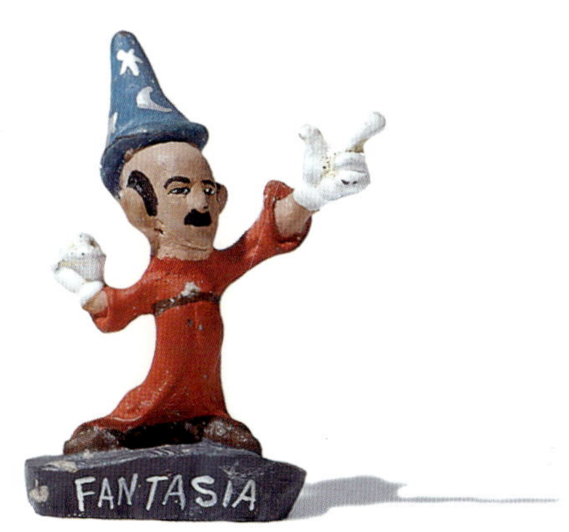

SMART ART PRESS

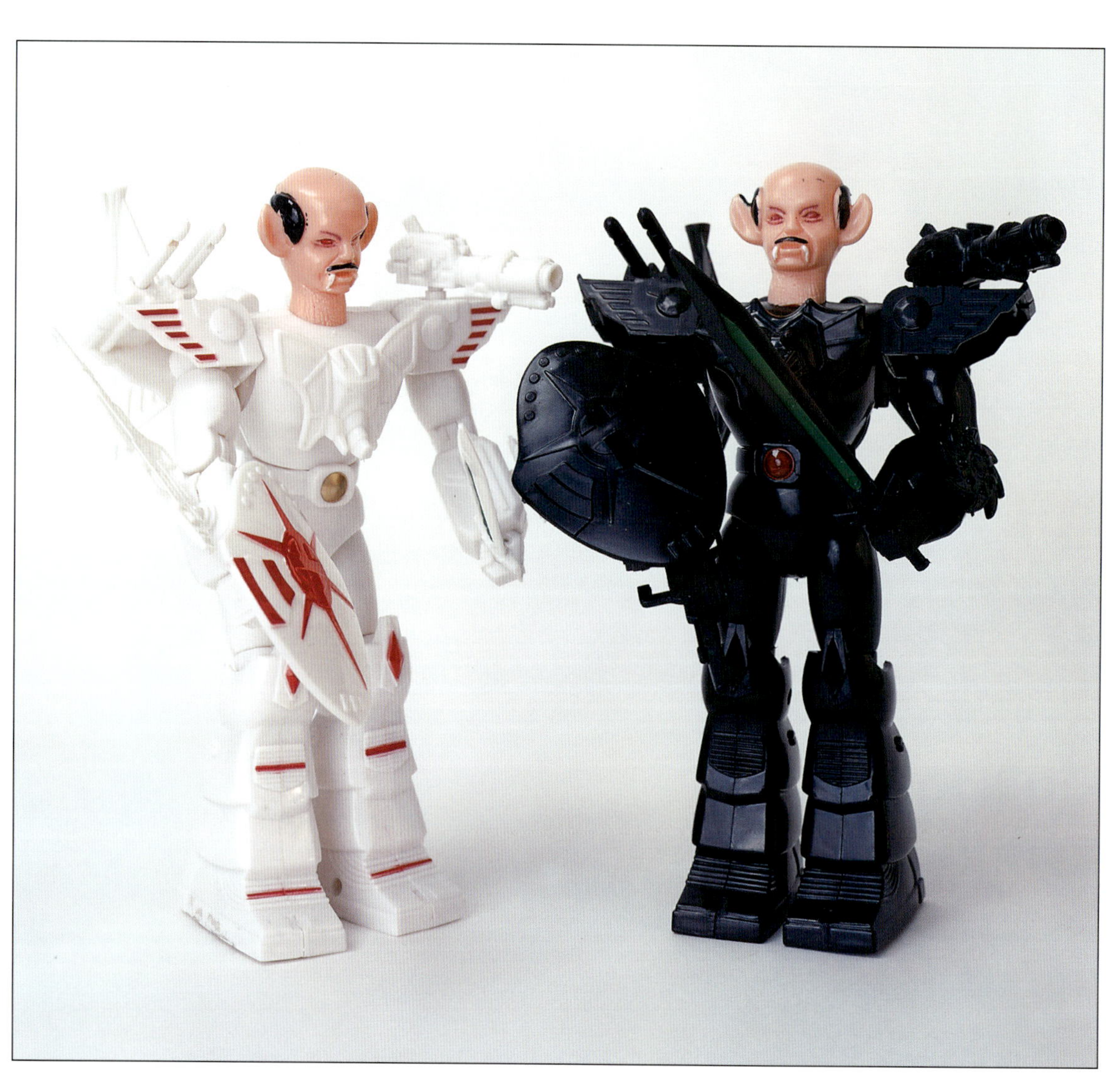

TABLE OF CONTENTS

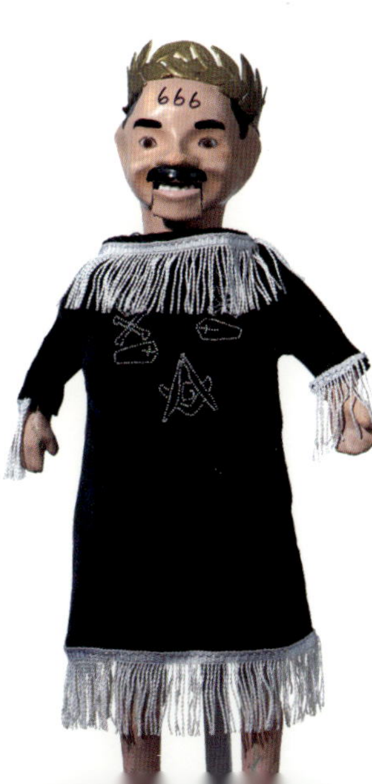

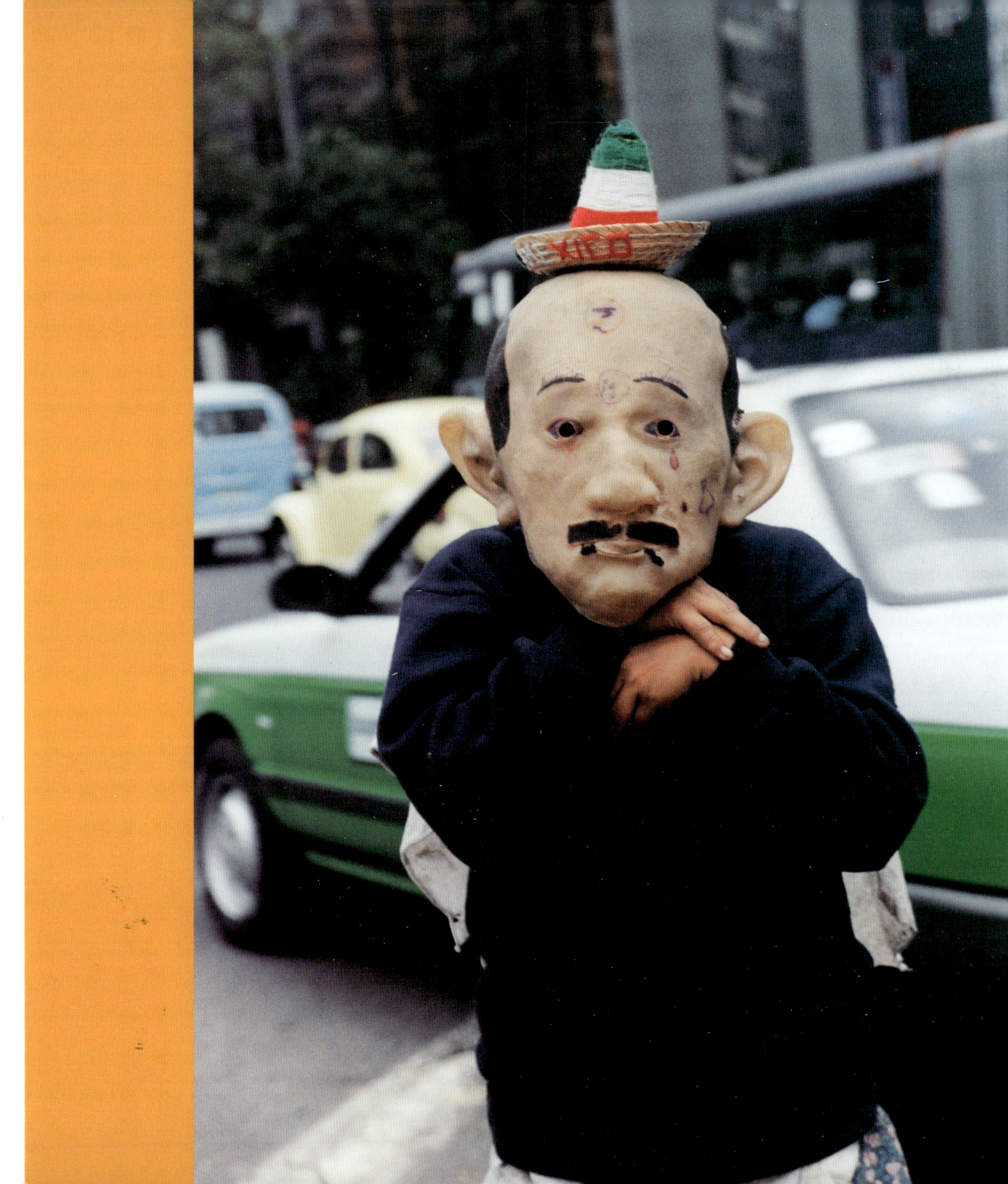

Street kid, dressed as
Salinas, begging for
money, Mexico City, 1997
Niño de la calle
disfrazado como Salinas
para pedir dinero, Ciudad
de México, 1997

THE MUSEO SALINAS AND THE MASKS OF THE MEXICAN

I

Mexicans' fondness for masks, an inevitable topic of conversation between nationals and interested foreigners, reencountered its legion of exegetes in 1994 when the Zapatistas and Subcommander Marcos appeared. In various ways we ask ourselves: What is the Mexican's true face—his or her original persona, or the mask his or her behavior and beliefs come to shape? The debate has gone astray into the terrain of the mask's functions within indigenous cultures, of the concealment of facial features in Mayan mythology, etc. The masked idols of the catch-as-catch-can crawl out of the woodwork, and the debate over Subcommander Marcos's ski cap gets mixed up with clever reflections about legendary wrestlers El Santo, El Enmascarado de Plata, Blue Demon, and Mil Máscaras, and so forth.

Moreover, in 1996 a political personage became part of popular culture, something that until then only dictator Porfirio Díaz had managed to do—though his power to arouse nostalgia disappeared with the broadcast of the television soap opera about his life. (It is curious how television often manages to desanctify myths merely with the intrusion of commercials.) The new protagonist, Carlos Salinas de Gortari, had many merits. His physique was unmistakable and lent itself well to caricature. He relentlessly sought publicity, though he conceived it as historical protagonism. He embodied the delirium for presidential power and the authoritarianism that has no choice but to put up with criticism but does not respect it in the least. What is more, for some time he raised hopes in very different

EL MUSEO SALINAS Y LAS MÁSCARAS DEL MEXICANO

I

La afición del mexicano por la máscara, tópico inevitable entre nacionales y extranjeros interesados, reencuentra en 1994 a su legión de exégetas, al surgir los zapatistas y el Subcomandante Marcos. De diversas maneras se pregunta: ¿Cuál es el verdadero rostro del mexicano? ¿El original de cada persona o la máscara que van diseñando su conducta o sus creencias? Y el debate se ha extraviado por los rumbos de las funciones de la máscara en las culturas indígenas, del ocultamiento de las facciones en la mitología maya, etcétera. Salen a relucir, los ídolos enmascarados del *catch-as-catch can,* y el debate sobre el pasamontañas del Subcomandante Marcos se mezcla con sesudas reflexiones sobre luchadores legendarios El Santo el Enmascarado de Plata, Blue Demon, el Mil Máscaras y así sucesivamente.

También en 1994 un personaje de la política se incorpora a la cultura popular, algo hasta entonces sólo conseguido por el dictador Porfirio Díaz, cuyo poder de convocar la nostalgia se disolvió en la telenovela que se le dedicó. (Es curioso cómo la televisión suele desacralizar a los mitos con la simple irrupción de los comerciales). El nuevo protagonista, Carlos Salinas de Gortari, acumula merecimientos. Su físico es inconfundible y muy caricaturizable. Y su voluntad publicitaria es avasalladora, aunque él la vea como protagonismo histórico. Encarna el delirio del poder presidencial y el autoritarismo que soporta a fuerzas la crítica pero no la respeta en absoluto. Además, por un tiempo, suscita esperanza en muy distintos sectores, y el culto a la personalidad lo beneficia durante cinco años de su mandato, prodigándole

Salinas mask decorated as a devil
Máscara de Salinas decorada como diablo

sectors, and the personality cult worked to his benefit for five years of his mandate; he was lavished with honors and acquitted of all accusations, no matter how legitimate. One of these charges was that he made it to the presidency thanks to the great fraud of the 1988 elections, which were presumed to have been won by leftist candidate Cuauhtémoc Cárdenas. *Newsweek* put Salinas on its cover and called him "The Giant Killer," Bush and Clinton were proud to be his friends, Margaret Thatcher praised him, and Gorbachev recognized him. In the meantime, Salinas put neoliberal politics in practice in a cruel and cynical fashion. State enterprise privatizations were a pretext for large-scale theft, dissidents were heavily persecuted (during Salinas's term of office, four hundred members of the PRD [Democratic Revolutionary Party], led by Cárdenas, were assassinated), and laws were modified according to the President's whims.

The Chiàpas rebellion and the murder of PRI [Revoluionary Institutional Party] candidate Luis Donaldo Colosio in March 1994 stripped Salinas of his triumphant aura. With little proof at hand, public rumor immediately blamed him for having killed his protégé. To this day there is no convincing explanation of the Colosio case, but suspicions were never allayed and Salinas is still—using his own words— "the favorite villain." The responsibilities of absolute power are defined: he who insatiably demanded consecration to the same extent assumes the responsibility for the great crimes committed during his term of office. The higher they rise, the harder they fall.

II

At first only a select few realized what had happened: that in our epoch of mass communication, President Salinas's symbolic potential transcended the ordinariness of everyday news. Leftist caricaturists saw in Salinas a possible competitor to their previous favorite symbol of authoritarianism, Fidel Velázquez, the man who had led the country's most

honores y absolviéndolo de todas las acusaciones justas, entre ellas la de obtener la Presidencia gracias al fraude mayúsculo de las elecciones de 1988, presumiblemente ganadas por el candidato de la izquierda Cuauhtémoc Cárdenas. Newsweek le dedica la portada a Salinas y lo llama *"The Giant Killer"*, Bush y Clinton se enorgullecen de su amistad, Margaret Thatcher lo elogia y Gorbachov lo reconoce. Mientras, Salinas ejerce la política neoliberal con crueldad y sorna. Las privatizaciones de empresas estatales son pretexto para el robo a gran escala, es atroz la persecución a los disidentes (en el período gubernamental de Salinas, son asesinados cuatrocientos miembros del Partido de la Revolución Democrática, dirigido por Cárdenas), y las leyes se modifican al gusto del Presidente.

La rebelión en Chiapas y el asesinato del candidato del PRI Luis Donaldo Colosio (marzo de 1994) despojan a Salinas del aura del triunfo. Sin demasiadas pruebas, el rumor público le adjudica de inmediato el crimen de su protegido. Hasta la fecha no hay explicación convincente del caso Colosio, pero los sospechas nunca se disipan y Salinas sigue siendo para usar una de sus expresiones *"el villano favorito"*. Las responsabilidades del poder absoluto se concretan: quien de modo insaciable demandó la consagración, en la misma medida se convierte en el principal responsable de los grandes delitos en sus años de gobierno. **The higher they rise, the harder they fall.**

II

Al principio sólo unos cuantos advierten la noticia: en la época de la masificación el potencial simbólico del presidente Salinas trasciende lo habitual en los medios informativos. Los caricaturistas de izquierda ven en Salinas al competidor del símbolo anterior del autoritarismo Fidel Velázquez, el líder sindical que permanece medio siglo al frente de la más poderosa central obrera. Y la primera

powerful workers' union for half a century. And the first inkling of this new antihero's scope was suggested by the triumph of an actress, Jesusa Rodríguez, who interpreted Carlos Salinas as an ill-willed, intemperately cynical character. Jesusa, in a magnificent cross-dressed performance, was the star of a cabaret act, *Salinas's Trial,* which achieved psychodramatic perfection: at the El Hábito theater, the audience would take part in a harsh repartee with Salinas-Jesusa, rebuking and recriminating him as if he were actually there. The stage disappears, and we are left with Carlos Salinas de Gortari faced with citizens who only a few minutes before were simply spectators. This had not happened with any other ex-president, not only because of a climate of repression or media censorship, but because society maintains a singular relationship with Salinas.

In 1993 Salinas masks appeared, rather discreetly at first, and they became an instant hit. There had been no masks of the previous president, Miguel de la Madrid. Those that circulated afterwards of President Ernesto Zedillo were scarce: they were not nearly as popular, and the government, citing Zedillo's rights to his own image, banned them. At first the avalanche of "Salinized" masks and dolls was the inevitable stuff of carnival, but in 1994 a series of events (the EZLN [Zapatista Army for National Liberty] in Chiapas, the Colosio murder, the PRI's abuse of power in their attempt to favor Zedillo's campaign by any means possible, the assassination of Salinas's ex–brother-in-law, PRI Secretary Francisco Ruiz Massieu) hastened the advent of a mood of vengeance and activated Salinas's image. There was a profusion of dolls, and the mask business boomed. "Get your Salinas here!" was the slogan shouted out on the streets, and the proud purchasers of little Salinas figures had endless hours of fun showing the images to their friends. Their motto might have been: "Here in my house I have, thanks to popular derision, the most powerful man in Mexico."

In the matter of public ridicule, 1995 was the year of Salinas.

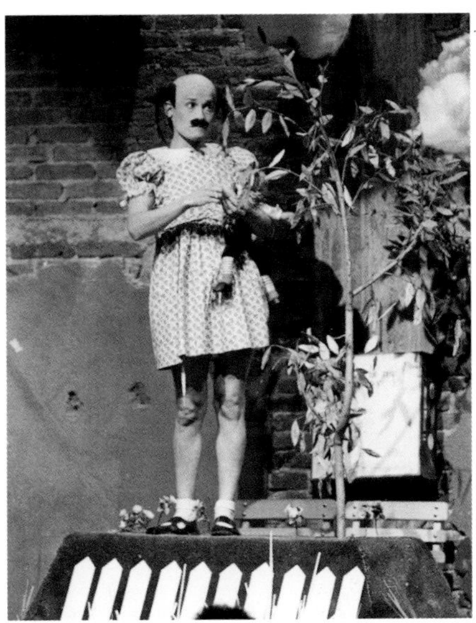

evidencia de los alcances de un nuevo antihéroe, la da el éxito de una actriz, Jesusa Rodríguez, que interpreta a un Carlos Salinas todo guiños de malevolencia y orgías de cinismo. Jesusa, en un magnífico acto travesti, es la estrella de una pieza de cabaret, **Juicio a Salinas,** que consigue la perfección psicodramática: los asistentes al teatro El Hábito, al dialogar ásperamente con el Salinas–Jesusa, lo increpan y le reclaman como si en efecto allí estuviese. El teatro desaparece, y queda Carlos Salinas de Gortari frente a ciudadanos que hace unos minutos eran parroquianos. Esto no había pasado con ningún otro de los ex-presidentes, no sólo por los anteriores climas represivos y la cancelación de la crítica en los Medios, sino porque con Salinas la sociedad mantiene una relación singular.

En 1993 aparecen, con cierta timidez, las máscaras de Salinas, y su aceptación es instantánea. No hubo máscaras del anterior Presidente, Miguel de la Madrid, y las que luego circulan del presidente Ernesto Zedillo, además de escasas carecen de compradores y el gobierno las prohibe alegando los derechos de Zedillo sobre su imagen. Al principio el alud de máscaras y muñecos "salinizados" es asunto de carnavales inevitables, pero en 1994 la cauda de hechos (el EZLN en Chiapas, Colosio victimado, el abuso del PRI al favorecer por todos los medios la campaña de Zedillo, el asesinato del secretario del PRI y ex–cuñado de Salinas José Francisco Ruiz Massieu), al precipitar el humor vengativo activa la imagen. Hay muñecos en profusión y se vigoriza el negocio de las máscaras. "¡Llévese su Salinas!", se grita en las calles, y los propietarios de los salinitas se divierten al enseñárselos interminablemente a sus amigos. Esta podría ser su conclusión: "Aquí tengo en mi casa, reconcentrado

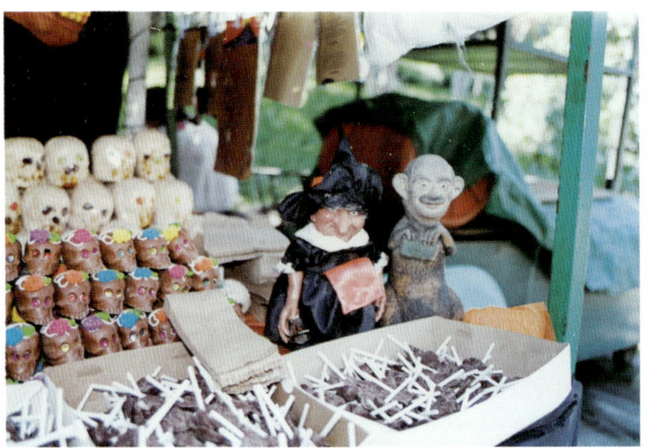

The explosion of popular anti-Salinas sentiment was due not only to the fact that his brother Carlos's immense fortune was found out, but also because of his physique and his fame as a champion of neoliberalism. Salinas was not only a head of state who abused power and modified government structures to suit his whims, but he also embodied the great frustrated voyage of a nation to the First World and the illusion of modernity destroyed by unemployment figures. There was no scarcity of Salinas dolls in protest marches, nor of young people proudly and gleefully wearing his mask inside cells of the high-security Almoloya prison, counting fake money and throwing it about. And the endless representations of Salinas not only sought to stigmatize a much-hated politician, but also to turn him into a living emblem of the PRI. Salinas the doll, the grotesque character, the mask, the good-for-nothing show-off, was to the people (a much larger entity than public opinion) the regime's quintessence. If these governments have been, fundamentally, caricaturesque political movements, their most true-to-life representation is a caricature.

III

For Halloween and the Day of the Dead—two holidays that have merged into one in Mexico City—Salinas masks, in different shapes and prices, are sold extensively. The much-loathed face quickly sums up the masses' sense of humor. To wear a Salinas mask on the street is a badge of rebelliousness, of contempt towards bad government, of a desire to have fun which economic aftershocks cannot stamp out, of a taste for instant carnivals, of the ambition to satirize the bigwigs and democratize the chaotic urban landscape. On November 1, 1995, I saw this scene repeat itself in the subway: young people wearing Salinas masks came through dancing or shouting, and people celebrated them, demanded that the country's heritage be returned to the citizenry, and

gracias al choteo, al hombre más poderoso de México".

1995 es, en materia de burla pública, el Año de Salinas. Además del conocimiento de la inmensa fortuna del hermano de Carlos, Raúl Salinas, el auge antiheroico del ex-presidente le debe mucho a su figura y su fama de campeón del neoliberalismo. Salinas no es sólo un gobernante que abusa del poder y modifica a su antojo las estructuras de gobierno. También es el gran viaje frustrado de una nación al Primer Mundo, y la ilusión de modernidad que se liquida en las cifras del desempleo. En las marchas de protesta no escasean los muñecos de Salinas, y los jóvenes que ostentan su máscara y van felices en "jaulas del presidio de alta seguridad de Almoloya" contando y tirando billetes de juguetería. Y las representaciones de Salinas, interminables, no únicamente buscan estigmatizar a un político detestado, sino convertirlo en emblema viviente del PRI. Salinas, el muñeco, el personaje grotesco, la máscara, el fantoche, es para el pueblo (entidad mucho más vasta que la opinión pública) la quintaesencia del régimen. Si estos gobiernos han sido, en lo básico, movimientos caricaturales de la política, su retrato justo es la caricatura.

III

En Halloween y Día de Muertos, fechas que ya son una sola en la ciudad de México, las máscaras de Salinas, de distintas formas y precios, se venden ampliamente. En forma veloz, la cara tan detestada condensa el sentido del humor masivo. Traer puesta en la calle la máscara de Salinas es afirmar la rebeldía, el desprecio a los malos gobiernos, la gana de relajo que no ahogan las precipitaciones de la economía, el gusto por los carnavales instantáneos, la ambición de satirizar a Los de Arriba y democratizar el caos urbano. En el Metro, el primero de noviembre de 1995, vi repetirse la escena: jóvenes con máscaras de Salinas pasan

insulted them in a fraternal way. Laughter is the community's vengeance, and also something else, no less present because it is discreet: the promise not to fall for promises again, the self-criticism that is possible in societies that regularly have their confidence betrayed. At one moment on that fateful November day, I spotted five masked men on the platform and realized the obvious: most of those who wander among the ruins of the economy and of their own hopes have not only lost their faith, but they also want to manifest their irreverent attitude towards the old gods of power. They mocked us wholeheartedly, and now it is our turn to snub them by laughing in their faces.

Politics and popular culture. In a bullring, a stadium, a march, a party, masks or dolls or actors dressed as Salinas instantly inspire lively repartee, complaints, booing and jeering, and an endless string of jokes. There is no lynching, but there is derision and plenty of it, a vindictive mood not directed at Salinas's physical ugliness but rather at his willful deceit. Salinas's features —these most-reproduced features in Mexico in the late twentieth century— are the mask that a considerable sector of society lends the government and, with no small measure of self-loathing, itself. And the masks intensify the Salinas Effect —a mixture of astonishment, indignation, and the fervent desire that none of this should ever happen again. The Salinas Effect demobilizes and mobilizes simultaneously; it makes citizens conscious of the fact that they haven't lived up to that title; it reminds us that the hoarders of embezzled funds go unpunished; it enshrouds entrepreneurs and civil servants with a halo of suspicion. All of them can be wearing Salinas's mask — though perhaps not very conspicuously — and have deposited millions of dollars in the Cayman Islands, the money-laundering sanctuary. Here is the mask —the bald

bailando o gritando, y la gente los celebra, les exige la devolución del patrimonio, les insulta fraternalmente. La risa es venganza comunitaria, y es algo más, no por discreto menos presente: la promesa de no volver a creer en promesas, la autocrítica posible en sociedades defraudadas con regularidad. En un momento dado de ese primero de noviembre, localicé cinco portadores de máscaras en el andén, y advertí lo obvio: muchísimos de los que deambulan entre las ruinas de la economía y de su esperanza, no únicamente han dejado de creer, desean también significarse por la actitud impía hacia los antiguos dioses del poder. Se rieron a fondo de nosotros, nos toca el turno del desprecio a carcajadas.

Política y cultura popular. En una plaza de toros, en un estadio, en una marcha, en una fiesta, la máscara o los muñecos o los actores ataviados de Salinas atraen al instante el diálogo animado, los reclamos, la rechifla, el acabóse de los chistes en cadena. No hay linchamiento, hay, y de sobra, escarnio, un ánimo vindicativo no dirigido a la fealdad física sino a la voluntad de engaño. Las facciones de Salinas, las más reproducidas en el México de los años postreros del siglo XX, son la máscara que un sector considerable de la sociedad le coloca al gobierno y, no sin algo de autoescarnio, a sí misma. Y las máscaras multiplican el Efecto Salinas, repartido en asombro, indignación, deseos fervientes de que nada de esto vuelva a ocurrir. El Efecto Salinas desmoviliza y moviliza a la vez, vuelve conscientes a los ciudadanos de que hasta ahora no lo han sido, recuerda la impunidad de los dueños del dinero malhabido, rodea de sospechas a empresarios y funcionarios. Cualquiera de ellos,

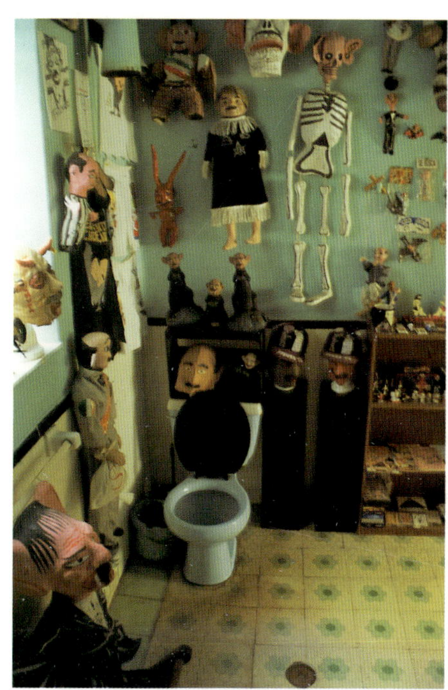

A view of the original Museo Salinas, 1997
El Museo Salinas en su locación original, 1997

patch, the mustache, the sideburns. And the mask is the truest thing among the mass of moving-picture faces.

IV

Vicente Razo started the Salinas Museum in his Mexico City apartment's bathroom. Razo had been familiar with the Left's thoughts and actions since his childhood, but this education—which led Razo to make his own political decisions—is not the only reason he began to collect inevitably derisive representations of Carlos Salinas. Salinas was not only the herald of neoliberalism or the con artist who, according to both reliable and less reliable polls, had a public approval rate of 75 percent: in addition to being a symbol of corruption and deceit, Salinas was a *sui generis* figure, the caricaturesque being by antonomasia, the politician who had anticipated being satirized for his physical appearance. He was both a ruler who plunged his country into disaster and a visual parody of himself.

Razo has gathered a variety of plastic toys, masks, stickers, puppets, and semi-pornographic objects—everything he calls "political trinkets" devoted to "promoting among children and youth an insolence towards power (. . .) and heightening the level of ridicule and impudence in political dialogue." In this sense, his Museum is a success and, I must insist, both timely and overdue. It is timely because it is always useful to give up irreverence (inverted theology) and substitute it for derision and revelry (the democracy of laughter), and overdue because the ex-president, for his deeds, his appetite for eternity, his urgent need of glory—everything that makes up the concept of Carlos Salinas—is from the outset the involuntary Museum of ridiculed pretension.

Salinas the vampire, the *chupacabras,* the ideal prisoner of judicial institutions, the ready-made from an unimaginable nightmare of Marcel Duchamp, is the subject of the Museum

sin que se le advierta con nitidez, puede traer puesta la máscara de Salinas, y haber depositado millones de dólares en las islas Caimán, santuario del lavado de dinero. Aquí está la máscara, con calva y bigote y patillas. Y la máscara es lo más cierto entre toda la aglomeración de rostros de películas.

IV

Vicente Razo inició su **Museo Salinas** en el baño de su casa. Por razones familiares, Razo sabe desde niño de tesis y acciones de la izquierda, pero esta formación que pronto se vuelve decisión ideológica y política, no es la única razón que lo lleva a coleccionar las representaciones obligadamente burlonas de Carlos Salinas. Salinas no es sólo el heraldo del neoliberalismo, ni el defraudador que, según encuestas confiables e inconfiables, dispuso en un momento del 75 por ciento del apoyo público. Además de ser símbolo de la corrupción y del engaño, Salinas es una figura sui géneris, el ser caricatural por antonomasia, el político que desde su apariencia se anticipa a los críticos y los dibujantes satíricos. Es un gobernante que sumió en el desastre a su país, y es una parodia visual de sí mismo.

Razo ha reunido una variedad de juguetes de plástico, máscaras, calcomanías, títeres, objetos semiporno, todo lo que llama "bagatelas políticas", dedicadas a "promover en la niñez y la juventud la insolencia hacia el poderoso, ...y a elevar el nivel de escarnio y procacidad en la conversación política". En este sentido, su Museo es un éxito y, debo insistir, es a la vez oportuno y tardío. Oportuno porque es siempre útil abandonar la irreverencia (teología invertida) sustituyéndola con el choteo y el relajo (democracia de las carcajadas), y tardío, porque el ex–presidente, con sus gestos, su apetito de eternidad, su urgencia de gloria, todo lo que integra el concepto Carlos Salinas, es ya el Museo involuntario de la pretensión ridiculizada.

Salinas, el vampiro, el Chupacabras, el preso ideal de las

12

that gives an account of what unfortunately remains (the president of the republic as the unpunished tyrant) and of what changes in spite of everything: a sense of humor as an institution that destroys prestige and halos of grandeur and, most importantly, is a support structure for the mental health of the repressed and the swindled. Salinas figures strengthen historical memory, which is not only made up of exploits and injustice, but also of jokes that are the automatic response to injustice. The Museo Salinas is the anticipatory judgment of History that takes itself much more seriously for the very lack of solemnity with which it considers the public spirit's material manifestations. The history of bronze is replaced by a history of rubber-latex, cardboard, and plastic, a history all the more popular because it is more carefree.

V

In the stadium, people are conversing with the Salinas on duty at the top of their lungs: *"Thief! Swindler! How much money did you put in the bank? And you thought you could steal the shoes right off our feet?"* The regretful joy spreads, if such a thing is possible. Suddenly, one imagines the whole country covered with Salinas masks, the last face of the nation. The world's carnival. A Salinas mask is now a many-sided face: that of a deeply damaged society, that of a PRI-ist system unable to acquire different traits, that of the carnivalesque pleasure that comes back to life in times of depression, that of the rage that becomes mockery for a moment. One appropriates Salinas's face and one's mood changes instantly. These features are no longer those of a fugitive, but those of a network of complicities which today would like to deny the existence of one of its most notorious images, that of Carlos Salinas de Gortari.

instituciones de justicia, el *ready made* de una pesadilla inimaginable de Marcel Duchamp, es el sujeto del Museo que da cuenta de lo que desdichadamente permanece (el Presidente de la República como el cacique impune) y de lo que cambia pese a todo: el sentido del humor como institución del castigo que liquida prestigios y aureolas de grandeza y, lo más importante, que es un soporte de la salud mental de los reprimidos y estafados. Las figuras de Salinas fortalecen la memoria histórica no sólo hecha de hazañas y de agravios; también de chistes que son la respuesta automática a los agravios. El Museo Salinas es el juicio anticipado de la Historia que al no ser solemne con los materiales que dan fe del espíritu público, se toma mucho más en serio. A la historia de bronce la sustituye la Historia de hule, cartón y plástico, más popular por más desenfadada.

V

En el estadio, la gente dialoga a gritos con el Salinas en turno: "¡Ladrón!/ ¡Ratero!/ ¿Cuántos pesos dejaste en el banco?/ Conque matanga dijo la changa". El júbilo pesaroso se extiende, si tal cosa es posible. De pronto, uno se imagina al país entero cubierto con las máscaras de Salinas, el rostro postrero de la nación. El carnaval del mundo. Una máscara de Salinas es ya un semblante múltiple: el de la sociedad dañada a fondo, el del sistema priísta inhabilitado para adquirir otros rasgos, el del placer carnavalesco que resucita en tiempos deprimidos, el de la furia que se detiene por un rato en la mofa. Uno se adueña del semblante de Salinas y el ánimo cambia en un segundo. Estos rasgos ya no son los de un prófugo, sino los de la red de complicidades que hoy quisiera negar la existencia de una de sus imágenes más notorias, la de Carlos Salinas de Gortari.

13

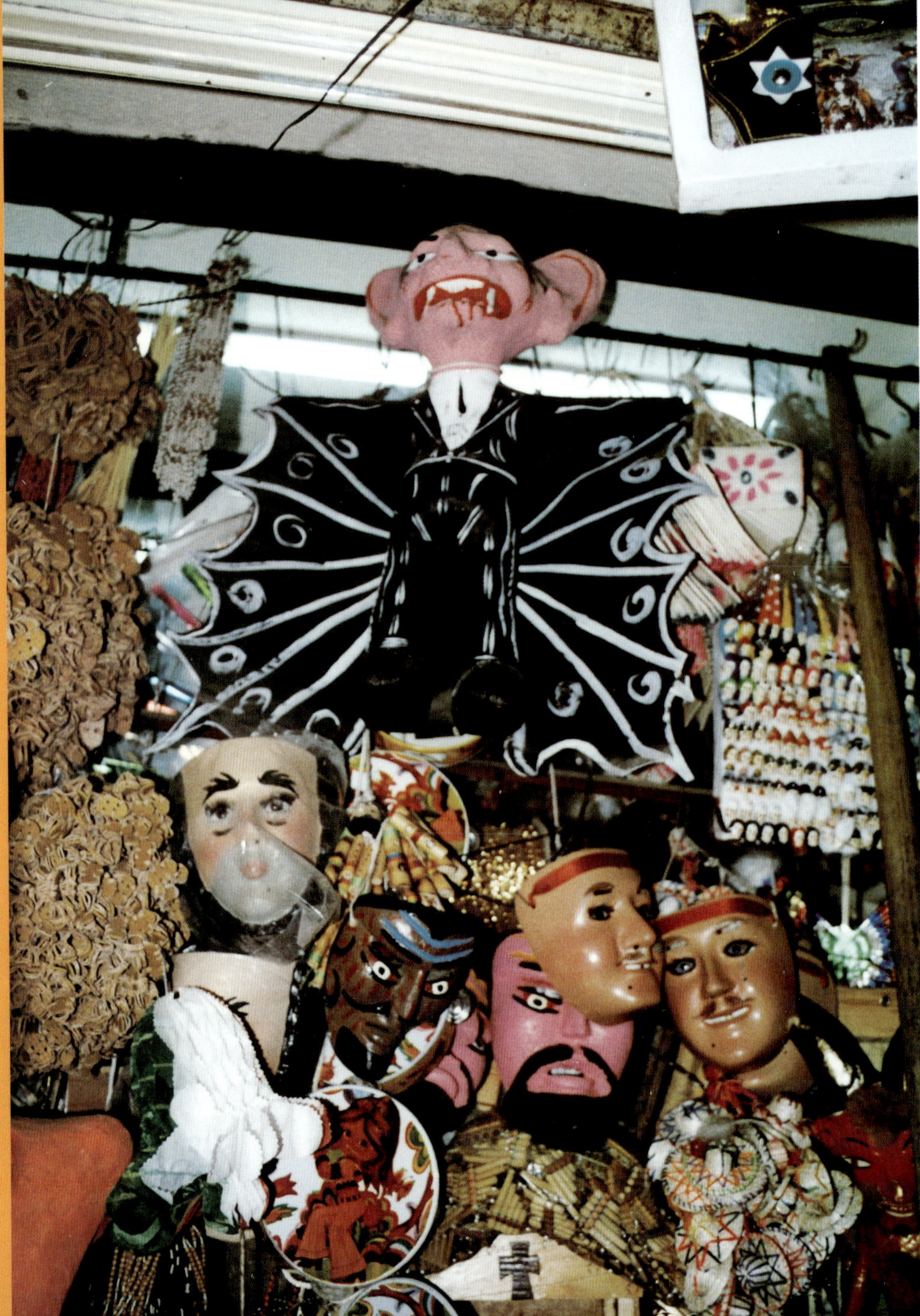

Halloween in the Sonora
Market, Mexico City, 1997
Día de Muertos en el
Mercado de Sonora,
Ciudad de México, 1997

THE MUSEO SALINAS, OR THE RULER AS SCAPEGOAT

A Venerable Tradition

In 1520, upon the death of Moctezuma, the Aztec emperor who had allowed the Spanish conquerors to enter his capital, México-Tenochtitlan, and massacre his people before its main temple, the citizens refused to hold the funeral his rank granted him, and many of them "cursed him, wailing, grieving, shaking their heads":

> That miserable man made everyone stand in
> dread of him, he was feared all over the world,
> everywhere he inspired respect and dread. If
> someone offended him in the slightest, he
> would immediately get rid of that person.
> He punished many people for imaginary,
> unfounded reasons, under false pretenses.[1]

From that moment of widespread rejection forward, the once-omnipotent and glorious Aztec ruler has been the person Mexicans have blamed for the Spanish conquest, the coward who betrayed his people and handed his empire over to the conquistadors.

The cycle of glorification and vilification that Moctezuma experienced almost five hundred years ago has continued to this day with each new Mexican ruler, and it is a fundamental key to understanding the Museo Salinas. Just as the generalized hate for the ancient Aztec emperor was a reaction against his incompetent and even inhumane use of power, the pieces that disparage ex-president Carlos Salinas, collected in a very timely fashion by Vicente Razo, express a genuine popular rejection of his crimes and excesses. Nevertheless, they also show how this justified anger can be transformed into an object of manipulation by powerful elites, who often make

EL MUSEO SALINAS, O EL GOBERNANTE COMO CHIVO EXPIATORIO

Una venerable tradición

En 1520, tras la muerte de Moctezuma el emperador azteca que permitió entrar a los conquistadores españoles en su capital de México-Tenochtitlan y masacrar a la población frente a su templo principal, la gente del pueblo se negó a hacerle el funeral propio de su cargo y muchos "lo regañaron, gimiendo, lamentándose, moviendo la cabeza":

> Este tipo miserable hacía que todo el mundo
> lo temiera, en todo el mundo era temido, en
> todo el mundo inspiraba respeto y miedo.
> Si alguien lo ofendía con cualquier pequeñez,
> inmediatamente se deshacía de él. Castigaba
> a muchos por cosas imaginarias, falsas,
> por invenciones.[1]

Desde ese momento de rechazo popular, el otrora omnipotente y glorioso gobernante azteca ha sido visto por los mexicanos como el culpable de la conquista española, el cobarde que traicionó a su pueblo y entregó su imperio a los conquistadores.

El ciclo de exaltación y vilificación que experimentó Moctezuma hace casi 500 años ha continuado hasta nuestros días con los sucesivos gobernantes mexicanos, y es una de las claves fundamentales para entender el Museo Salinas. Así como el odio generalizado contra el antiguo emperador azteca fue una reacción contra la ineptitud e incluso inhumanidad del poder que ejercía, las piezas que denigran al ex-presidente Carlos Salinas, coleccionadas tan oportunamente por Vicente Razo, expresan un genuino rechazo popular a sus crímenes y excesos. Sin embargo, también muestran como esta justificada ira puede ser

use of the former ruler's status as a fallen man in order to escape responsibility and relegitimize their own power.

Another example of this phenomenon is the case of Antonio López de Santa Anna, the dictator, president, and protomonarch who in the nineteenth century came to power on a dozen or so occasions amid a generalized atmosphere of praise and adulation, and who was defeated and vilified on just as many occasions. During one of his short-lived triumphs, Santa Anna organized a sumptuous funeral for the leg he had lost years before in a battle against French invaders. All of the top brass took part in the bombastic civil ritual, delivering high-flown speeches praising the dictator and his amputated limb, which was placed at the summit of a tall obelisk. The populace took part in this craze and bought thousands of replicas of the president's shank in its glass urn. Shortly afterwards, however, when Santa Anna was once again thrown out of office, his leg was stolen by an angry mob and dragged through the mud of the streets of Mexico City.

More recently, this ancient Mexican tradition, revived for Salinas de Gortari, was fed by the fertile waters of fetishism for mass-media merchandise and acquired the dimensions of a true popular obsession.

Worship and Fall

This loathing for ex-rulers is incomprehensible if we do not take into account their previous glorification during their terms of office. It is indeed from that place of power that each ruler in turn is deified, each of his good qualities praised, his accomplishments exaggerated, and his mistakes or defects covered up. As barefaced as this manipulation might seem, large sectors of the population fall under the spell of propaganda repeated *ad nauseam* by the media and blindly surrender their faith to the deified leader.

Traditional cardboard Judas figures sold at Easter, Mexico City, 1995
Judas de Salinas a la venta en las calles de México en Semana Santa, 1995

convertida en objeto de manipulación por parte de las élites en el poder, que suelen hacer leña del árbol caído del antiguo gobernante para librarse de sus culpas y volver a legitimar su propio poder.

Otro ejemplo de este fenómeno es el de Antonio López de Santa Anna, el dictador, presidente y proto-monarca que en el siglo XIX asumió el poder en una decena de ocasiones entre la exaltación y la adulación generalizada y tantas otras veces fue derrocado y vilipendiado. En uno de sus efímeros triunfos, Santa Anna mandó realizar un pomposo funeral para la pierna que había perdido años atrás durante una batalla contra los invasores franceses. Todos los hombres del poder participaron en el ampuloso ritual cívico, pronunciando líricos discursos en que exaltaban al dictador y su amputada extremidad, que fue colocada en la punta de un alto obelisco. El pueblo participó en esta manía comprando millares de réplicas de la pierna del presidente en su urna de cristal. Al poco tiempo, sin embargo, cuando Santa Anna perdió el poder una vez más, su pierna fue robada por una turba furiosa y arrastrada por el lodo de las calles de la ciudad de México.

En nuestros días esta antigua tradición mexicana, repetida en la persona de Salinas de Gortari, fue alimentada con las fértiles aguas del fetichismo de las mercancías de la cultura de masas y alcanzó la dimensión de una verdadera manía popular.

La exaltación y la caída

La execración de los ex-gobernantes resulta incomprensible si no se toma en cuenta su previa glorificación cuando se encuentran en el poder. Es desde el propio poder, en efecto que se diviniza al gobernante en funciones, exaltando cada una de sus virtudes, exagerando cada una de sus hazañas y suprimiendo cada uno de sus errores o defectos. Por más descarada que parezca esta manipulación, amplios sectores de la población se dejan seducir por la propaganda repetida hasta el cansancio por los medios de comunicación y entregan su confianza ciega al endiosado mandamás.

A fundamental element of this authentic apotheosis is the generalized perception that the sovereign in Mexico is not the embodiment of law but rather its supreme violator. Moctezuma meted out punishments without rhyme or reason, and Santa Anna betrayed his supposed ideals countless times. Salinas, for his part, came to power thanks to electoral fraud on a grand scale, and for this reason he sought to legitimize his power by the use of force, by means of spectacular displays in which he incarcerated and destroyed his enemies. Thus he attempted to embody a fearsome and providential figure equal to that of Moctezuma. In addition, his notoriety as a womanizer added to his prestige in the eyes of macho Mexican men.

The ruler's own body plays an essential part in this deification. In pre-Hispanic times the king was considered so sacred that no mortal could gaze upon him directly; Santa Anna glorified his amputated leg and later had himself called "Most Serene Highness." In the case of Salinas, every photographic and propagandistic trick in the book was utilized to build up his small, feeble body, while he presented himself as a sportsman in an attempt to evince the strength lurking behind his weak appearance.

All these elements of the ruler's apotheosis conspire, after his downfall, to his ritual assassination. Mechanisms of power and the atavistic symbolism of the king-become-scapegoat operate simultaneously in this murderous process.[2]

Salinas's lynching, like Santa Anna's multiple martyrdoms, obeyed the political elite's own needs, because the glorification of a new ruler necessarily implies the negation, or even defilement, of the former one. In the case of Salinas—a particularly powerful president—the immolation was doubly necessary due to the failure of his economic strategy and the crash of the Mexican

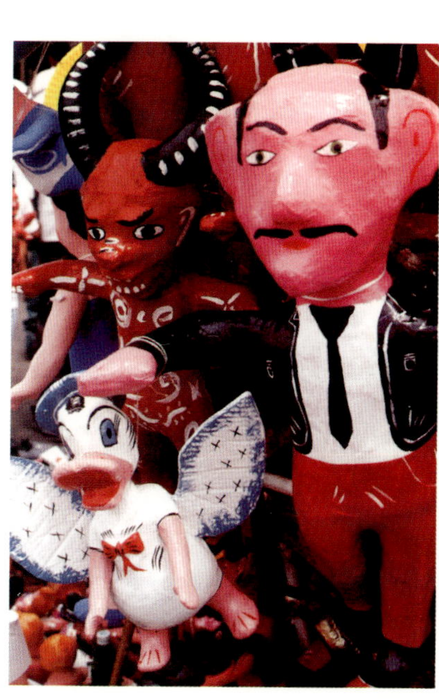

Un elemento fundamental de esta auténtica apoteosis es la percepción generalizada de que el soberano en México no es la encarnación de la ley, sino su supremo violador. Moctezuma castigaba a su capricho y Santa Anna traicionó sus supuestos ideales incontables veces. Salinas, por su parte, llegó al poder gracias a un magno fraude electoral y por ello buscó su legitimidad en el uso de la fuerza, por medio de despliegues espectaculares en que encarcelaba y destruía a sus enemigos. De esta manera se quiso erigir en una figura temible y providencial equivalente a la de Moctezuma. Por otro lado, su fama de mujeriego, lejos de restarle prestigio lo incrementó a ojos de todos los machos.

El cuerpo mismo del gobernante juega un papel esencial en esta divinización. En tiempos prehispánicos el rey era considerado tan sagrado que ningún mortal podía contemplarlo directamente; Santa Anna glorificó su pierna amputada y luego se hizo llamar "Alteza Serenísima". En el caso de Salinas, todos los recursos de la fotografía y la propaganda fueron empleadas para magnificar su pequeño y débil cuerpo, y él mismo se presentó como un deportista para mostrar la fuerza detrás de su débil complexión.

Todos estos elementos de la apoteosis del gobernante se combinan después de su caída del poder en su asesinato ritual. En este macabro proceso operan simultáneamente los mecanismos del poder y el atávico simbolismo del rey sagrado convertido en chivo expiatorio.[2]

El linchamiento de Salinas, como los de Santa Anna, obedeció a las necesidades propias de la élite política, pues la exaltación de un nuevo gobernante implica necesariamente la negación, e incluso la denigración del anterior. En el caso de Salinas, un presidente particularmente poderoso, la inmolación era doblemente necesaria tras el fracaso de su estrategia

peso which occurred after he left office. In the midst of a crisis that left millions jobless and brutally reduced the standard of living of all Mexicans, the system needed someone else to blame other than the new president, Ernesto Zedillo. For this reason, beginning in December 1994, the media apparatus sought to hold Salinas responsible for all of the country's woes and took it upon itself to systematically destroy the persona he himself had created.

This lynching by the powers that be, however, prompted an unexpected response: it unleashed a true popular craze against the former president which manifested itself through rumors and jokes and in the production of thousands of effigies, caricatures, masks, piñatas, and other objects meant to attack and slander him. This popular mania is what the Museo Salinas documents—by compiling its various manifestations—and celebrates in a most timely fashion.

The popular reaction of rejection and hate towards Salinas was further made possible by the existence of a wide-ranging network of production and informal commerce in gadgets and trinkets, which was also the result of the virtual destruction of the formal industry brought on by Salinas's economic policy. This network is made up of a multitude of small artisans' workshops and an army of peddlers who invade the streets of cities throughout the country. These manufacturers and distributors survive by very quickly adapting to the whims of a volatile market to produce and sell, at a moment's notice, trendy goods at the lowest possible price. The cheaply made disposable goods sold on street corners circulate in a parallel manner to the jokes and rumors whose spread creates a counterpoint to state-controlled political information.

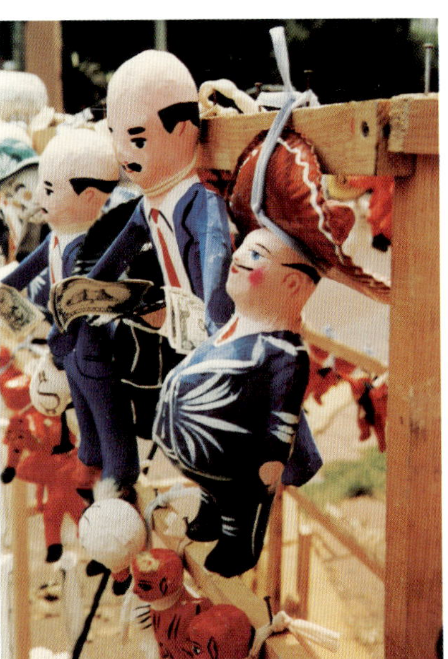

Traditional cardboard Judas figures sold at Easter, Mexico City, 1995
Judas de Salinas a la venta en las calles de México en Semana Santa, 1995

The relationship between Salinas's lynching, which those in power began at the end of 1994, and the popular craze against him, which took hold by mid-1995 and lasted until the end of 1996, is an ambiguous one. On the one hand, it is clear that the first preceded and allowed for the second to take place, but this does not mean that the establishment's initiative is the only—or even the main—cause of the virulent social reaction against Salinas. When the attacks against the former president began, the media opened a heretofore unseen space for criticism and irreverence in the Mexican public arena, but popular discontent overflowed its dimensions. This discontent had its own reasons for being: resentment of an arrogant, inept, and corrupt political elite; an eternal and well-justified repulsion towards power itself.

It seems that even the ruling class came to feel threatened by the strength of this popular explosion, as is suggested by the police harassment of street kids who sold Salinas masks and wore them as they begged for change.

The Scapegoat

One of the Museo Salinas's most interesting aspects is the way in which it reflects the complex play between official designs and popular anger, between court intrigue and the derision of the citizenry.

We have, on the one hand, the figures made by Luis Felguérez, a vendor in the Zona Rosa—Mexico City's tourist district—who has made his living for years by making satirical miniatures of Mexican leaders which portray their excesses. From his point of view—which bears a kinship with traditional middle-class disgruntlement—Salinas was but one more manifestation of a system corrupt to the core. This is why Felguérez represented Salinas as Santa Anna,

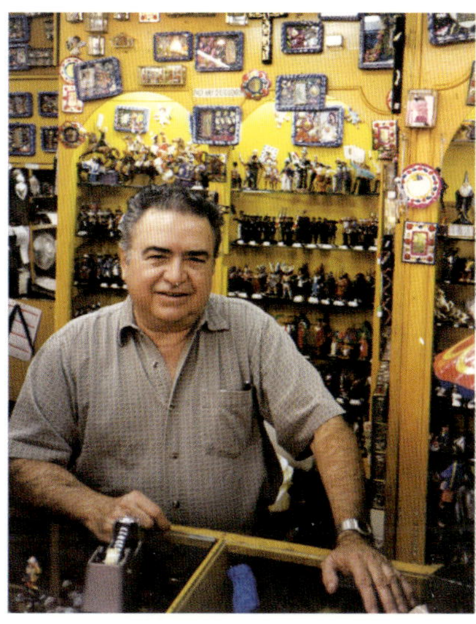
Artist Luis Felguérez in his miniature store, Mexico City, 2000
El maestro Luis Felguérez en su tienda de miniaturas, Ciudad de México, 2000

La relación entre el linchamiento de Salinas iniciado desde el poder a fines de 1994 y la manía popular contra el expresidente, que tomó fuerza a mediados de ese año y duró hasta fines de 1996, es ambigua. Por un lado, es claro que el primero antecedió y posibilitó la segunda, pero esto no significa que la iniciativa desde el poder sea la única causa, y ni siquiera la principal, de la virulenta reacción social contra Salinas. Al iniciar la agresión contra el antiguo mandatario, los medios de comunicación abrieron un espacio de crítica e irreverencia inédito en la arena pública mexicana, pero este espacio fue desbordado por un descontento popular que tenía sus propias motivaciones: el resentimiento ante una élite política arrogante, inepta y corrupta; el coraje ante la cancelación de las expectativas de mejoría económica; una eterna y bien justificada repulsión ante el poder mismo.

Parece incluso que el poder se llegó a sentir amenazado por la fuerza de esta explosión popular, como lo sugiere el hostigamiento policiaco a los niños de la calle que vendían y utilizaban las máscaras de Salinas para pedir limosna.

El chivo expiatorio

Uno de los aspectos más interesantes de la colección del Museo Salinas es justamente la manera en que refleja el complejo juego entre el cálculo oficial y la ira popular, entre la intriga palaciega y la irreverencia de los sometidos.

Tenemos, por un lado, las figuras elaboradas por Luis Felguérez, un comerciante de la Zona Rosa, el distrito turístico de la capital, que ha vivido desde hace años de hacer miniaturas satíricas sobre los gobernantes mexicanos y sus excesos. Desde su perspectiva, cercana al tradicional descontento de la clase media, Salinas era una manifestación más de un sistema corrupto hasta la médula. Por ello lo representó como el propio Santa Anna, responsable

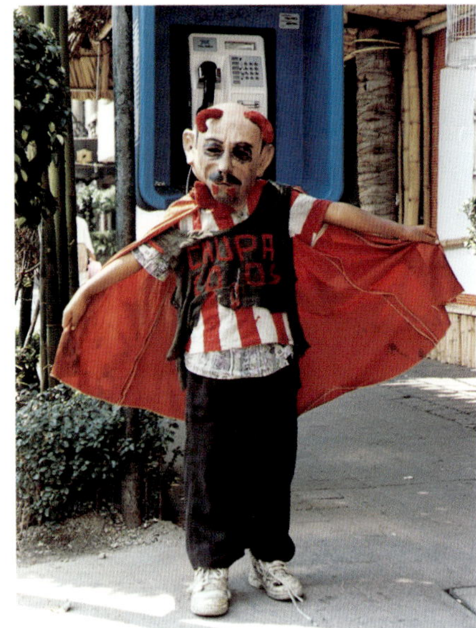

Street kid dressed as
Salinas-*Chupacabras*,
Mexico City, 1996
Niño de la calle disfraza-
dos como Salinas-
Chupacabras, 1996

who was responsible for the loss of half of Mexico's territory.
His irony reaches its peak with a sculpture inspired by a
local newspaper cartoon depicting Salinas as Mickey Mouse
as the Sorcerer's Apprentice, from Walt Disney's *Fantasia*.
This figure not only makes fun of the president's ratlike
features and protruding ears, but it also parodies his capri-
cious and authoritarian exercise of power as well as the
uncontrollable forces (the Zapatista rebellion, the collapse
of public security, the boom in the drug trade, middle-class
discontent) he unleashed, which ended up destroying him.

At the other extreme, socially as well as artistically speak-
ing, we have plastic or rubber-latex figures depicting Salinas
as a rat or a convict with an erect penis. These brutal forms
of caricature also play with the character's physique and the
fact that in local slang "rat" is synonymous with "thief." By
turning Salinas into a despicable human being, they brutally
invert the media's strategy by which he wished to present
himself as a superman. The figure's sexualization not only
alludes to his rumored affairs, but it also reappropriates the
aesthetic of carnival, sexualized and exaggerated, which

de la pérdida de la mitad del territorio mexicano. Su ironía
alcanza un punto culminante en la escultura de Salinas
como el Mickey Mouse del Aprendiz de Brujo en *Fantasía* de
Walt Disney, inspirada por una caricatura. Esta figura no
sólo se burla del físico ratonil del presidente y de sus orejas
prominentes, sino que también ironiza sobre su ejercicio
autoritario y caprichoso del poder y las fuerzas incontro-
lables que desencadenó y que terminaron por destruirlo (la
rebelión zapatista, el colapso de la seguridad pública, el
auge del narcotráfico, el descontento de las clases medias).

En otro extremo, tanto social como artísticamente, tenemos
las figuras de plástico y látex que representan a Salinas
como una rata o como un presidiario con el pene erecto.
Estas formas brutales de caricatura juegan también con el
físico del personaje y con la asimilación en el lenguaje
popular entre las "ratas" y los ladrones. Al convertir a
Salinas en un ser despreciable, invierten brutalmente la
estrategia mediática en que él mismo se quería presentar
como un superhombre. La sexualización de la figura no
sólo alude a sus rumoradas aventuras sexuales sino que
también retoma la estética carnavalesca, sexualizada y
exagerada, que suele caracterizar la crítica popular de las
figuras gobernantes.[3]

De manera similar se pueden leer las máscaras de Salinas
retocadas y adaptadas por niños de la calle, que se cuentan
entre los tesoros de la colección del Museo Salinas. Las
máscaras originales de látex fueron vendidas en todas las
calles de la ciudad de México como un juguete más.
Inmediatamente, los niños limosneros dieron en usarlas
para hacer payasadas que atrajeran la caridad del público,
recurso que encontró un éxito inesperado. Por ello, los
limosneros adaptaron las máscaras a sus siempre
cambiantes necesidades: así el ex-presidente se convirtió
en monstruo de Halloween, en diablo, en presidiario e
incluso en Santa Claus. Estas metamorfosis sorprendentes
demuestran hasta que punto la apertura de un espacio
incontrolado de irreverencia popular alrededor de la figura
de Salinas, lo convirtió en un significante libre, capaz de
representar los significados simbólicos más variados. Fue
así como el antiguo mandatario se convirtió en un auténtico

often characterizes popular criticism of ruling figures.[3]

We can read in a similar way the masks of Salinas, retouched and modified by street kids, which are among the treasures of the Museo Salinas collection. These original rubber-latex masks were sold all over the streets of Mexico City as just another toy; immediately, child beggars began to wear them, clowning around with the hope of appealing to the goodwill of passersby, a technique that was unexpectedly successful. Due to this success, beggars adapted the masks to their always changing needs: the ex-president became a Halloween monster, a devil, a convict, and even a Santa Claus. These surprising metamorphoses show how the opening of an uncontrolled space of irreverence around the figure of Salinas turned him into a free signifier, capable of representing the most varied symbolic meanings. It is in this way that the former leader became a genuine scapegoat, that is to say, a being that carries the burden of each person's every wrongdoing.[4]

Salinas's role as a scapegoat is also evinced by his identification with the *chupacabras,* a fabled creature that allegedly feeds off the blood of livestock; in 1995 and 1996 countless attacks throughout Mexico were attributed to this beast. For this reason, it is not surprising that the ex-president—the popular and official culprit of the economic crisis that had sucked the lifeblood from the Mexican people—would be identified with this winged monster.

The Recycling of Power and Popular Criticism
Beyond this analogy, the fundamental difference, nevertheless, between Salinas's lynching and the scapegoat's sacrifice lies in the fact that the Mexican president was never an innocent victim because his sweeping arbitrariness, criminal behavior, and incompetence dramatically affected all Mexicans.

At the time, I immensely enjoyed Salinas's public sacrifice, not only because it seemed to me that it was well deserved, but also because I thought that the defilement of his persona would serve to display and denounce the Mexican political elite's worst flaws and lead to a weakening of their hold on power.[5]

chivo expiatorio, es decir, en un ser que carga sobre sus espaldas las culpas de todo y todos.[4]

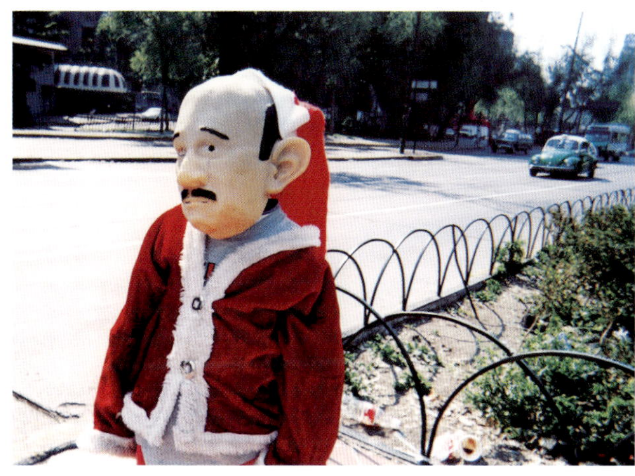

Street kid dressed as Salinas-Santa Claus, Mexico City, 1999
Niño de la calle disfrazado como Salinas-Santa Claus, 1999

La función de chivo expiatorio de Salinas se manifiesta también en su identificación con el "chupacabras", un animal fantástico que se alimenta de la sangre del ganado. En 1995 y 1996 se atribuyeron incontables ataques a este monstruo en todo México. Por ello, no sorprende que el ex-presidente, culpable oficial y popular de la crisis económica que chupaba la sangre de los mexicanos, fuera identificado con ese monstruo alado.

El reciclaje del poder y la crítica popular
Más allá de esta analogía, sin embargo, la diferencia fundamental entre el linchamiento de Salinas y el sacrificio de un chivo expiatorio reside en que el presidente mexicano nunca fue una víctima inocente pues sus múltiples arbitrariedades, crímenes e ineptitudes afectaron dramáticamente a todos los mexicanos.

En su momento, disfruté inmensamente el sacrificio público de Salinas no sólo porque me parecía bien merecido, sino también porque pensé que la execración de su figura serviría para exhibir y denunciar las peores lacras de la élite política mexicana y terminaría por debilitar su poder.[5]

Three years later, however, it seems that Salinas's lynching served the purposes of those who set the ball rolling from the upper echelons of power: the system and the party that created and destroyed him seem to be as strong today as they were at the time, while his former minions and acolytes vie to demonstrate who is the most anti-Salinas of them all. Thanks to the scapegoat mechanism, the system managed to assign the blame for the whole economic and political disaster to a single person, conveniently exiled and reviled.

Though it is very probable that the popular craze documented in the Museo Salinas has contributed to the erosion of the Mexican presidential power base in the long term, its effect was far from definitive. But this is, precisely, the real and ethical limit of the popular critique of power: it does not attempt to abolish or replace power because it knows power's laws are inescapable, and for this reason it strives to maintain a healthy distance from it, mocking its shortcomings and celebrating, with carnivalesque revelry, the inevitable downfalls of those who wield it with such arrogance and self-righteousness.

NOTES:
1. James Lockhart, ed. and trans. *We People Here: Nahuatl Accounts of the Conquest of Mexico* (Berkeley:University of California Press, 1993), p.150.
2. The cycle of glorification and subsequent ritual immolation of primitive kings was originally analyzed by James Frazer in *The Golden Bough: A Study in Magic and Religion* (1900) and is one of the central concerns of political anthropology.
3. Refer to Mikhail Bakhtin's thoughts on the matter in *Popular Culture in the Middle Ages and the Renaissance* (Madrid: Alianza Editorial, 1998), as well as Emmanuel Le Roy Ladurie, *Le carnaval de Romans: De la Chandeleur au Mercredi des Cendres, 1579–1580* (Folio Histoire 10) (Paris: Éditions Gallimard, 1979).
4. Concerning the scapegoat mechanism, see René Girard's suggestive reflection in *Violence and the Sacred* (Baltimore: Johns Hopkins University Press, 1977), trans. Patrick Gregory.
5. It is with this conviction that I wrote the article "Para potenciar el daño a las instituciones" (How to exacerbate the damage done to institutions) in *La Jornada Semanal*, no. 103 (1997): p.12.

Tres años después, sin embargo, parece que el linchamiento de Salinas cumplió el cometido de quienes lo iniciaron desde la cúpula del poder: el sistema que lo creó y destruyó parece hoy tan fuerte como antes y sus antiguos ayudantes y seguidores se disputan por demostrar quién es el más antisalinista de todos. Gracias al mecanismo del chivo expiatorio el sistema logró que toda la culpa del desastre económico y político recayera en una sola persona, convenientemente exiliada y execrada.

Aunque es muy probable que la manía popular recogida en el Museo Salinas haya contribuido a erosionar a largo plazo las bases del poder presidencial mexicano, su efecto distó mucho de ser definitivo. Pero ése es, justamente, el límite real y ético de la crítica popular del poder: no intenta suprimirlo ni sustituirlo, porque sabe que no podrá escapar a sus leyes, por ello se empeña en mantener una sana distancia con él, burlándose de sus fallas y celebrando, con júbilo carnavalesco, las inevitables caídas de quienes lo ejercen con tanta arrogancia y prepotencia.

NOTAS:
1. Lockhart, James, ed., *We People Here: Nahuatl Accounts of the Conquest Of Mexico*, Los Angeles, University of California Press, 1993, p. 150.
2. El ciclo de exaltación y luego inmolación ritual de los reyes primitivos fue analizado originalmente por James Frazer en *La rama dorada. Magia y religión* (México, Fondo de Cultura Económica, 1982) y es uno de los temas centrales de la antropología política.
3. Véase la reflexión de Mijail Bajtin, *La cultura popular en la Edad Media y en el Renacimiento*, (Madrid, Alianza Editorial, 1998), así como Emmanuel Le Roy Ladurie, *Le Carnaval de Romans. De la Chandeleur au mercredi des Cendres 1579-1580*, París, Éditions Gallimard, 1979, (Folio Histoire 10).
4. Sobre el mecanismo del chivo expiatorio, véase la sugerente reflexión de René Girard en *La violencia y lo sagrado* (Barcelona, Anagrama, 1983).
5. Con esa convicción escribí el artículo, "Para potenciar el daño a las instituciones", en *La Jornada Semanal*, 1997, no. 103, pp.12.

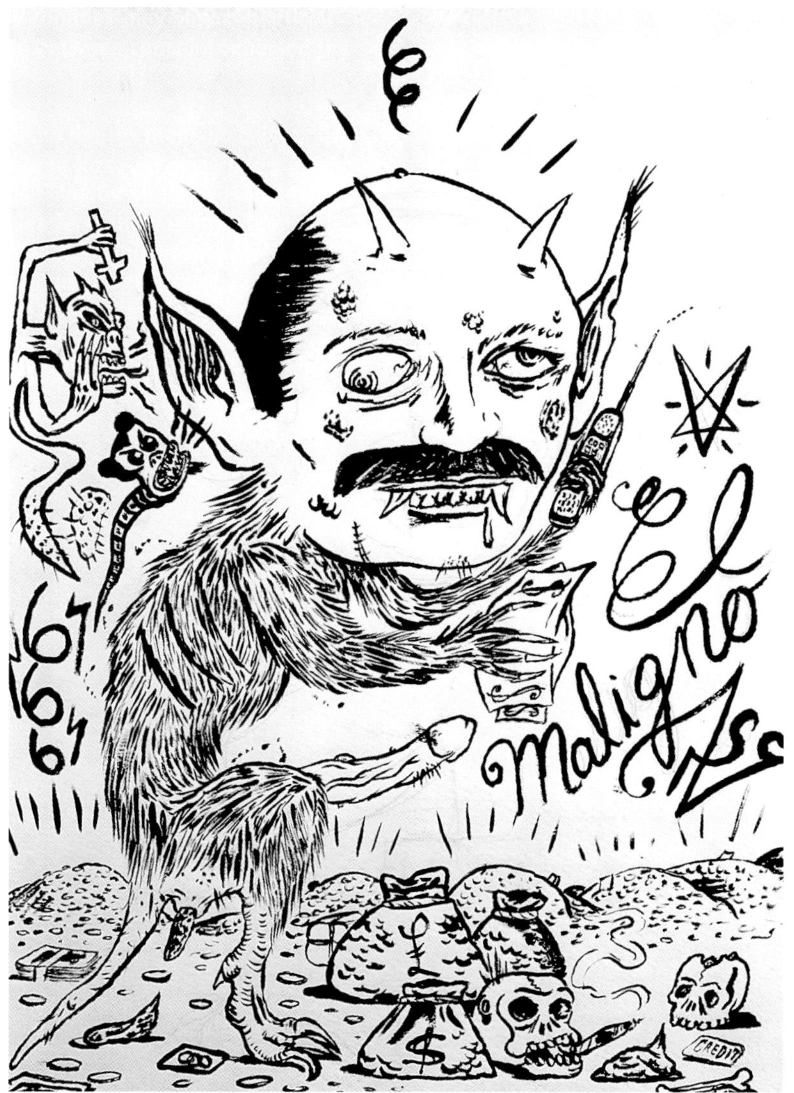

Dr. Lakra, *The Evil One*,
1996. Ink on paper,
Dr. Lakra, *El Maligno*,
tinta sobre papel, 1996

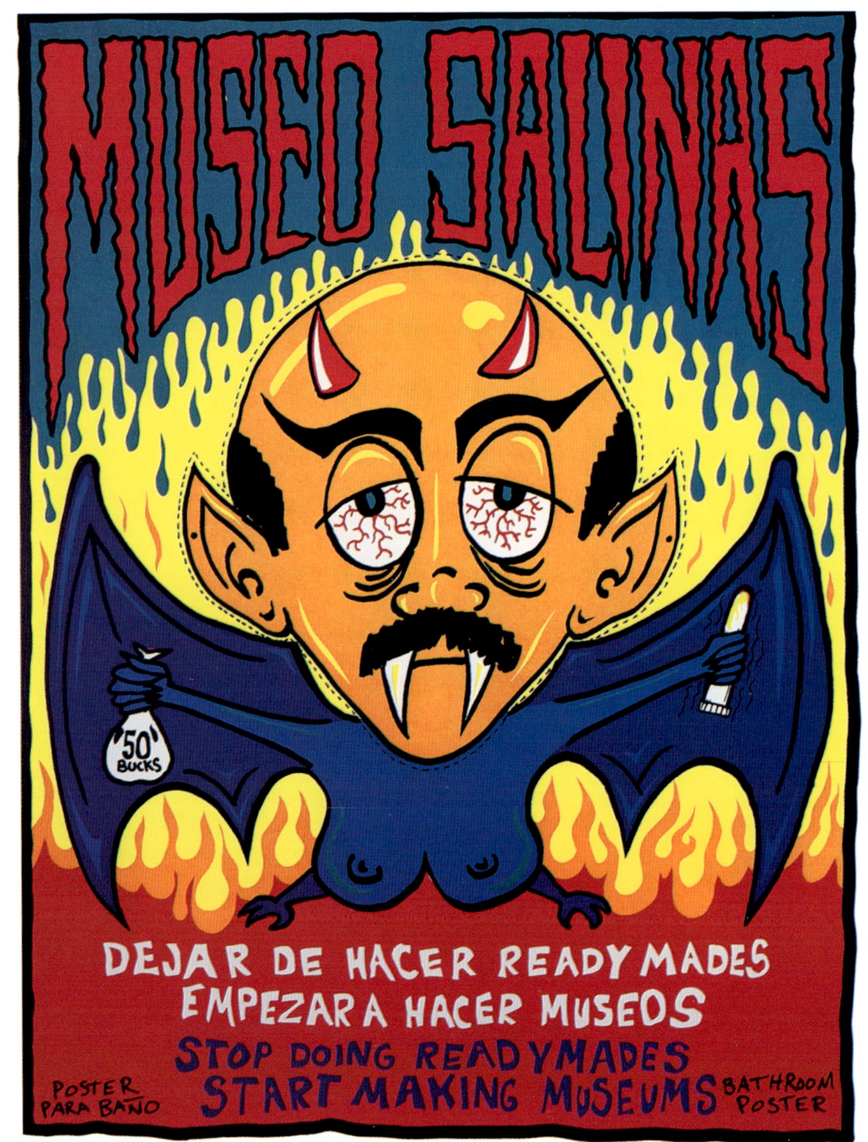

24

Rolo Castillo and
Vicente Razo, official
Museo Salinas poster,
silkscreen, 1996
Rolo Castillo y
Vicente Razo, Póster
Oficial del Museo Salinas,
serigrafía, 1996

A GHOSTLY MUSEUM FOR A VAMPIRELIKE FIGURE

1. The Incantation

> (. . .) a ghostly institution that would also
> serve as a critical comment (. . .) about
> decrepit official museums.[1]
> —Vicente Razo, 1999

Perhaps by delving into the ghostly we might be able to specify the nature of the strategic games, conceptual adaptations, populist heresies, and parodies of authority that led to the foundation of Vicente Razo's Museo Salinas. In doing so, we do not intend to explain ex-president Carlos Salinas's sorcerous, demonic, and vampirelike iconography.[2] The "ghostly" corresponds to the spectral character—*midway between that which is dead and that which does not yet exist*—of the politico-cultural intentions of Razo's pseudo-museum project. The Museo Salinas wished to resuscitate the corpse of the museum-mausoleum[3] by bringing back the repressed spirit of irreverent, popular culture. It thus situates itself on the edge of a nonspace: between the cultural death of the institutional and the promise of its replacement by an (improbable) supernatural image-politics that, according to Razo, would politicize contemporary esotericism and turn it into a new code of resistance against capitalism.

Razo saw in the effigies of Carlos Salinas produced by street craftsmen in the mid-1990s the "street witchcraft against executive power" which "would exorcise" the "institutional-revolutionary nightmares" of politics in Mexico.[4] He reinterpreted the millions of iconographic admonishments against the ex-president as a kind of collective voodoo. Every Salinas doll dressed as a jailbird or effigy of the Devil was a sure step towards his imprisonment or everlasting damnation. In addition to this, Razo had been producing an extensive series of "magic pyramids" directly based on the syncretic

UN MUSEO FANTASMAL PARA UN PERSONAJE VAMPIRESCO

1. Conjuro

> (. . .) una institución fantasmal que sirva
> también como un comentario crítico (. . .) a
> los decrépitos museos oficiales.[1]
> —Vicente Razo, 1999

Quizá ahondando en *lo fantasmal* pudieramos precisar la naturaleza de los juegos estratégicos, adaptaciones conceptuales, herejías populistas y remedos de autoridad que instituyeron el Museo Salinas de Vicente Razo. No se trata de señalar la iconografia brujeril, demoniaca y vampirista[2] del ex-presidente Carlos Salinas. *Lo fantasmal* corresponde al carácter espectral, *entre lo muerto y lo que aún no existe,* de las intenciones político/culturales del proyecto de pseudo-museo de Razo. El Museo Salinas quiso reanimar el cadaver del museo/mausoleo[3] mediante el retorno del espíritu reprimido de la cultura popular irreverente. De ese modo, se situó en el borde de un no-lugar: entre la muerte cultural de lo institucional y la promesa de su reemplazo por una (improbable) política sobrenatural de las imágenes que, según Razo, politizaría la esoteria contemporánea para convertirla en un nuevo código de la resistencia anticapitalista.

Razo vió en las efigies de Salinas de Gortari que emergieron en la artesanía callejera de mediados de los noventa los "hechizos callejeros al poder ejecutivo" que "exorcizarían" las "pesadillas revolucionario institucionales"[4] de la política en México. Reinterpretó los millones de castigos iconográficos contra el ex-presidente como una especie de vudú multitudinario. Cada muñeco de Salinas vestido de preso o en la efigie del demonio era un paso eficaz rumbo a su encarcelamiento o su condenación eterna. En paralelo, Razo venía produciendo una extensa serie de "pirámides mágicas" directamente basadas en las pirámides sincréticas

pyramids sold at medicinal herb stands in Mexico City markets. In them, Razo mixed Buddhas, virgins, baroque halos made of grains of rice, and Santería symbols that alluded to the volatile nature of capital, the "saintliness" of revolutionary icons, and the hypnotic power of antiauthoritarian witchcraft.[5] For Vicente Razo, these pyramids resorted to black magic to fight against capital after the critique of political economy had faltered. He was dealing with an alternative language of social resistance confronting the decrepitude of the Enlightened project of earthly emancipation.

It goes without saying that the dialogical space for these operations is the inscription of the "magical-religious" within the critique of political economy. Conceiving utopia as the exorcism of mercantile/religious appearances, Marx tied the narrative of social revolution to the theme of disenchantment about the world. This resulted in the formulation of what Derrida calls a "phantology"—the contemplation of concepts (the proletariat, use value, fetishism) which lack presence and are always out of time, haunting us. But perhaps the messianic can only be grasped through concepts that are in a perpetual state of transition and instability between the sensible and the suprasensible, the dead, the alive, the undead, and the resurrected.[6]

This search is what Razo once called, in the traditional, rhetorical tone of the avant-garde, an "ethics of popular poetry negotiated in the conceptual avant-garde."[7] It was without a doubt a politics of promises, apparitions, and incantations, but the Museo Salinas was also a very precise operation of intra-artistic critique. The collection acted like a poltergeist that made the most of the political and media afterlife of a tyrant of globalization, setting loose a bogeyman against the pretensions of globalized art. The Museo Salinas arose as a heterodox (if not

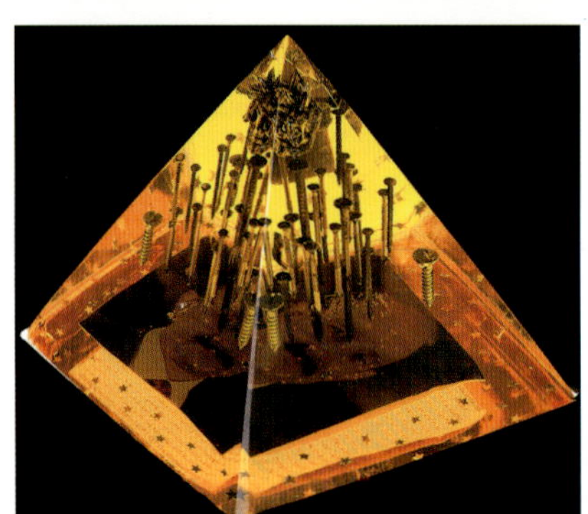

que venden los puestos de yerberos de los mercados de la ciudad de México. En ellas, Razo mezclaba Budas, vírgenes, halos barrocos de arroz y símbolos santeros, con alusiones al carácter volátil del capital, la "santidad" de los iconos revolucionarios y la sugestión de hechizos antiautoritarios. Para Vicente Razo esas pirámides recurrían a la magia negra para combatir al capital ante el fracaso de la crítica de la economía política. Se trataba de un lenguaje alternativo de resistencia social ante la caducidad del proyecto ilustrado de emancipación terrenal.

Por supuesto, el espacio argumental para esas operaciones es la inscripción de lo "mágico-religioso" en la crítica de la economía política. Al concebir la utopía como el exorcismo de las apa-riencias mercantil/religiosas, Marx ató la narrativa de la revolución social a la temática del desencantamiento del mundo. El resultado fue formular lo que Derrida llama una "fantología," el pensamiento sobre conceptos (proletariado, valor de uso, fetichismo) que no estan presentes, sino que están siempre fuera del tiempo y al acecho. Pero quizá lo mesiánico no puede formularse más que en conceptos que estan en una perpetua transición e inestabilidad entre lo sensible y lo suprasensible, lo muerto, lo vivo, lo no-muerto y lo resucitado.[6]

Esta búsqueda es lo que Razo denominaba, con el tono declamatorio de la tradición vanguardista, una "ética de poesía popular nego-ciada en el avant-garde conceptual."[7] Era, a no dudarlo, una política de la promesa, la manifestación y el conjuro. Pero el Museo Salinas era también una operación muy precisa de crítica intra-artística. El espíritu chocarrón de la colección aprovechaba la sobre-vida política y mediática de un déspota de la global-

deliberately bastard) offshoot of Duchampian genealogy. Its main novelty (or misunderstanding) was to associate Duchamp's irony of precision with vernacular messianism.

2. Museurinal

> *Perhaps it will be the task of an artist as detached from aesthetic preoccupations (. . .) as Marcel Duchamp to reconcile art and the people.*[8]

With the Museo Salinas's "Organic Laws and Statutes," Razo formulated a slogan ("Stop doing ready-mades, start making museums") which presented the practice of collecting "political knick-knacks" as *the* alternative to the general implementation of neoconceptual practices.[9] According to Razo, compiling evidence of popular political creativity led one to forsake interventions that merely operated on the level of cultural *signifiers*—such as the irony or hermetism of appropriation—to then repoliticize operations involving images.

As is well known, Duchamp attempted to limit the amount of ready-mades in existence so they wouldn't turn into an automatism as thoughtless as the act of painting had become in his time.[10] This ban clearly speaks of the genre's omnivorous potential. Consequently, in the 1970s "neo-Dadaism" proposed the unlimited spread of the ready-made. The French New Realists, Piero Manzoni, and European and American proto-Fluxus members transformed the alchemy of the ready-made into a self-destructive technique of mass production, much to the dismay of the original Dadaists and Surrealists. While Dalí complained that "ready-mades are covering the globe,"[11] artists such as Ben Vautier gave in to the supremely sarcastic gesture of signing literally *everything*.[12] One could characterize the repeated shock of Duchamp's reception as a reiteration of this symptom: the horror (or pleasure) of thinking that the ready-made's implication is that "any non-art can be art after making the appropriate ceremonial announcement,"

ización para lanzar un espantajo contra las pretensiones del arte globalizado. El Museo Salinas se presentó como una rama heterodoxa (si es que no delibe-radamente bastarda) de la genealogía duchampiana. Su principal novedad (o malentendido) fue identificar la ironía de precisión duchampiana con el mesianismo vernáculo.

2. Museurinario.

> *Quizá corresponda a un artista tan alejado de preocupaciones estéticas (. . .) como Marcel Duchamp la tarea de reconciliar al arte y al pueblo.*[8]

Desde la "Disposición orgánica y estatutos" del Museo Salinas, Razo formuló un slogan ("Dejar de hacer ready-mades, y hacer museos.") que presentaba la práctica del coleccionismo de "bagatelas políticas" como la alternativa ante la generalización de prácticas neoconceptuales . Según Razo coleccionar la creatividad política popular incitaba a abandonar las intervenciones al nivel de los meros *significantes* culturales, así como el ironismo y hermetismo de la apropiación, para repolitizar las operaciones sobre las imágenes.

Como es bien sabido, Duchamp intentó limitar el número de *readymades* para evitar que se convirtieran en un automatismo tan irreflexivo como la pintura misma.[10] Prohibición que habla a las claras de la potencialidad omnívora del género. En consecuencia, el "neodadaísmo" de los sesenta propuso la generalización ilimitada del *readymade*. Los *nouveau realistes* franceses, Manzoni y los protofluxus europeos y americanos, transformaron la alquimia del *readymade* en una técnica autodestructiva de producción en masa, para desconsuelo de los dadá y surrealistas originales. En tanto Dalí se quejaba de que "los *readymades* cubren el globo terraqueo," artistas como Ben Vautier se daban al paroxismo sarcástico del gesto de firmar literalmente *Todo*.[12] Uno podría caracterizar el repetido shock de la recepción de Duchamp como una reiteración de

assuming that the ready-made's reciprocal, counteractive "de-arting" operation is not quite as feasible.[13]

We must interpret Vicente Razo's gesture as an attempt at the immanent critique of this Duchampism, made in the name of Duchamp himself. We could say it is an option he dug up from the grave. In the early 1960s, Mathias Goeritz launched a campaign against neo-Dada utilizing what he understood as the religious quest of original, "eternal Dada." He first came out against Jean Tinguely's *Homage to New York* at MOMA in 1960. Later, after his return to Mexico, Goeritz organized exhibitions and manifestos of the avant-garde/anti–avant-garde of the "Hartos" (literally, the "Fed-up"), who cynically ridiculed the appropriationism of contemporary art.[14]

When in the mid-1990s a large number of young Mexican (and Latin American) artists joined the global neoconceptual trend, Razo denounced the neotradition in the name of Dada's radical political wing. He mobilized the museum's taxonomic and bureaucratic structure to put an effective limit on the indiscriminate mechanism of designating art objects. As the director of a collection, the artist intended to prevent the appropriation of popular objects. The interposition of the museum's classifying screen annulled the operation of reclassification from which the ready-made stems.

This gesture of sabotage towards what Razo conceives as the banality of neoconceptual art was accompanied by an ironic imitation of Duchamp's anti-institutional gesture. If the corrosive effect of *Fountain* (1917) consisted of introducing a urinal into the New York Salon des Indépendents and putting it on the same level as the works of art, Razo inverted the operation:
> (. . .) *there's a Duchampian reason for this . . .*
> *that of not putting the toilet in the museum*
> *but rather the museum in the toilet."*[15]

ese síntoma: el terror (o el placer) de pensar que la implicación del *readymade* es que "todo no arte puede ser arte tras hacer un anuncio ceremonial apropiado," asumiendo que la operación contraria de "desartización" del *readymade* recíproco es poco factible.[13]

Hay que ver en el gesto de Vicente Razo un intento de crítica inmanente de ese duchampismo, hecha en nombre del propio Duchamp. Quizá podría decirse que es una opción revivida de entre los muertos. A principios de los años sesenta, Mathias Goeritz lanzó una campaña contra neoDadá a partir de lo que él veía como la búsqueda religiosa de "Dadá eterno". Primero se manifestó en contra del *Homenaje a Nueva York* de Jean Tinguely en el Moma en 1960. Luego, y de vuelta a México, Goeritz organizó las exhibiciones y manifiestos de la vanguardia-antivanguardia de los "hartos", quienes cínicamente ridiculizaron el apropiacionismo del arte contemporáneo.[14]

Cuando a mediados de los años noventa una buena parte de los artistas jóvenes mexicanos (y latinoamericanos) se sumaron a la ola neoconceptual global, Razo denunció esta neo-tradición en nombre del ala política radical de Dadá. Mobilizó la estructura taxonómica y burocrática del museo para poner un límite efectivo al mecanismo de la designación indiscriminada de objetos artísticos. En tanto director de una colección, el artista se propuso prevenir la apropiación de los objetos populares. La interposición de la trama clasificatoria museística anulaba la operación de re-clasificación que radica el *readymade*.

Este gesto de sabotaje contra lo que Razo concibe como la banalidad del arte neoconceptual, se veía acompañado de una replica irónica del gesto anti-institucional de Duchamp. Si el efecto corrosivo de *Fuente* (1917) consistió en introducir en el Salón de los independientes neoyorkino un urinario en plano de igualdad con las obras de arte, Razo invirtió la operación:
> (. . .) *esto tiene una razón duchampiana . . .*

It was no longer about ironically "elevating" a urinal to the condition of art, but rather of degrading the art institution, placing it in the realm of the scatological. In passing, Razo underlined Duchamp's frequently stultified undertone of vulgarity.

3. The Ethics of Usurpation

> . . . a series of reversals (that involve) both individual objects and the place and manner of their presentation.[16]

This is how Rainer Borgemeister describes the mechanics of the "Museum of Modern Art: Department of Eagles" (1968–72) by Marcel Broodthaers, who aimed to cancel the ready-made's operation by making the art institution operate against its own logic of aesthetic framing. When Broodthaers installed his museum at Documenta in 1972, he put up title cards with the caption "This is not a work of art" next to the hundreds of objects, paintings, and pieces of printed matter portraying eagles that he had collected or borrowed from other institutions. The negation did not only combine "a concept of Duchamp with a concept antithetical to Magritte," but it also sabotaged the mechanism of artistic "appropriation" that Duchamp had inaugurated. Broodthaers advocated a de-author-ization of the way the museum *generalizes* the alleged *singularity* of works of art.[17] By displaying the museum's bureaucratic paraphernalia (crates, opening speeches by "the leading representatives of the public and the military," postcards, and signs), and above all, by usurping the investiture of a "Director" appointed by "one of the Ministers" who issues laws, Broodthaers revealed that the institution of the Museum is a tautological and self-referential structure that *produces* the notions of truth it pretends to merely compile.[18]

The Salinas Museum is also a museumesque fiction[19] that began with a poster that read "Museum" on the door to Razo's bathroom and a statement that declared the artist its "general director, founder, and honorary life member."[20]

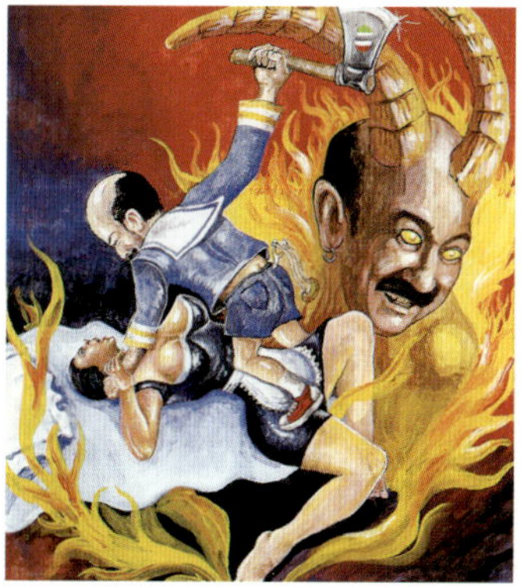

Homero Santamaría, *Memories from my chilhood*, 1996 Watercolor on paper
Homero Santamaría, *Recuerdos de mi infancia*, acuarela sobre papel, 1996

---

la de no poner el excusado en el museo sino el museo en el excusado.[15]

Ya no se trataba de "elevar" irónicamente un mingitorio a la condición de arte, sino de degradar la institución-arte a un terreno escatológico. De paso, Razo destacaba el trasfondo de vulgaridad frecuentemente silenciado en Duchamp.

3. Ética de la usurpación.

> . . . una serie de inversiones [que involucran] tanto los objetos individuales como el lugar y forma de su exhibición.[16]

Rainer Borgemeister describe así la mecánica del "Museo de Arte Moderno. Departamento de Águilas" (1968-1972) de Marcel Broodthaers, quien pretendió cancelar la operación del *ready made* al hacer operar a la institución del arte en contra de su lógica de enmarcamiento estético. Cuando Broodthaers instaló su Museo en la *Documenta* de 1972, colocó cédulas con la leyenda "Esto no es una obra de arte" junto a los cientos de objetos, cuadros e impresos con águilas que había recopilado o pedido prestados de otras instituciones. La negación no sólo condensaba "un concepto de Duchamp con un concepto antitético de Magritte;" sino que saboteaba el mecanismo de "apropiación" artística inaugurado por Duchamp. Broodthaers propugnaba por una desautorización del modo en que el museo generaliza la supuesta *singularidad* de las obras artísticas.[17] Exhibiendo la parafernalia burocrática de lo museal (las cajas de embalaje, discursos inaugurales de "los principales representates del público y la tropa", las postales y letreros) y sobre todo usurpando la investidura de un "Director" nombrado por "uno de los Ministros" que expide ordenamientos, Broodthaers reveló que la institución Museo es una estructura tautológica y autorreferencial que *produce* los valores de verdad que dice tan sólo compilar.[18]

El Museo Salinas es también una ficción museística,[19] que empezó con un cartel en la puerta del baño de Razo que

Razo's merit lay in making the press and public believe in the museological character of his toilet. Never was the status of his collection nor the legitimacy of his post as director questioned. Razo managed to insert the Museo Salinas in an improbable circuit: that of general-interest political reportage—it even made the pages of newspapers like *Pravda,* in the articles of international correspondents. For it, the artist became the object of extrajudicial threats, but he also managed to introduce his ideas into the catalog of urban legends.

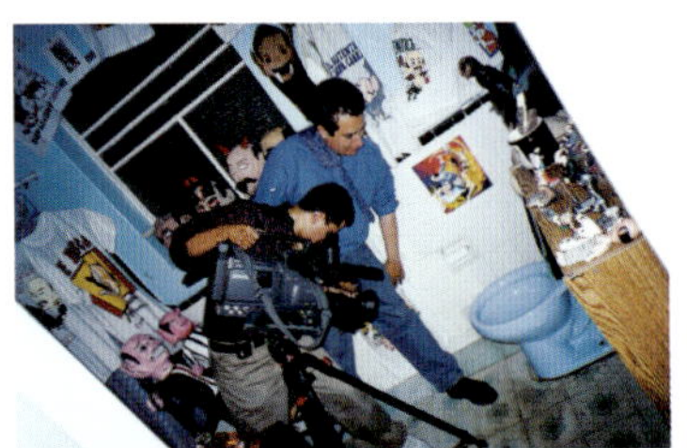

CBS News visiting the Museo Salinas, 1998
CBS Noticias visitando el Museo Salinas, 1998

Unaware of Broodthaers, Razo used the museum model to perturb cultural orders and the notion of art practice in a terrain overloaded with the ravages of economic integration and the intrinsic weakness of cultural institutions. It could be said that in the same way the phenomenon of Salinas-mania revived, however briefly, popular art (a goal that official programs for "the fostering of handicrafts" have failed to achieve in spite of vast amounts of money spent over the years), Razo demonstrated the superficiality of the museum as institution in Mexico, and he caused a cultural short circuit that hybridized militant Latin-American humor, the megalopolis's syncretic magic, and Duchampian irony. These ingredients contributed to the development of an ultra-refined sense of taste for the determinedly vulgar. This is insidious work: a gory strategy of institutional critique.

NOTES

1. Vicente Razo, "Salinas Museum Talk: Stop Doing Ready-Mades," read as part of the panel "Stop Doing Ready-Mades, or How to Start your Own Country (Art World)," September 16, 1999, Track 16 Gallery, Santa Monica, California.
2. In the "Opening Manifesto of the International," in 1864, Karl Marx berated English industry: "In order to live, it needs like a vampire, to suck human blood and above all, the blood of children." Karl Marx, Friedrich Engels, *La Internacional: Documentos, artículos y cartas*, trans. Wenceslao Roces (Mexico City: Fondo de Cultura Económica, 1988), p. 5.
3. Theodor Adorno, *Prismas: La crítica de la cultura y la sociedad* (Prismen: Kulturkritik und Gesellschaft), trans. Manuel Sacristán (Barcelona: Editorial Ariel, 1962), p. 187.
4. Vicente Razo, "Salinas Museum: Organic Laws and Statutes," 1996.
5. Razo made this intention explicit to the press. "Are these pieces magical, Vicente?" asked a reporter. "They work like restructured amulets. They exorcise the figure." Oscar Enrique Ornelas, "Las baratijas de la calle constituyen un buen registro de la historia: Vicente Razo" (Street knick-knacks make good historical

decía "Museo" y un comunicado donde el artista se presentaba como su "director general, fundador, miembro honorario y vitalicio."[20] El mérito de Razo consistió en hacer verosímil a la prensa y el público el carácter museológico de su retrete. En ningún momento se cuestionó el estatuto de su colección, ni la legitimidad de su puesto de "director". Razo logró insertar el Museo Salinas en un circuito improbable: las crónicas políticas generales y hasta en los reportes de los corresponsales internacionales de periódicos como *Pravda*. Llevó a su autor a ser motivo de amenazas extrajudiciales y a introducir sus ideas en el catálogo de las leyendas urbanas.

Sin saber de Broodthaers, Razo utilizó el modelo del museo para perturbar los órdenes culturales y la noción de práctica artística en un terreno sobrecargado por los estragos de la integración económica y la debilidad intrínseca de la institución cultural. Pudiera decirse que del mismo modo que el fenómeno de la salinas manía revivió, aunque sea brevemente, al arte popular (tarea en la que habían fracasado cuantiosísimos recursos gastados a lo largo de los años en los programas oficiales de "fomento a las artesanías") Razo puso en evidencia la superficialidad de la institución museo en México, y provocó un cortocircuito cultural que hibridaba el humor militante latinoamericano, la magia sincrética de las megalópolis y la ironía duchampiana. Esos ingredientes contribuyen a desarrollar un sentido del gusto *ultrarrefinado* por lo decididamente vulgar. Es esta una labor insidiosa: una estrategia gore de crítica institucional.

NOTAS

1. Vicente Razo: "Ponencia Museo Salinas. Stop Doing Ready-Mades", Leída en el Panel "Stop doing ready mades, or how to start your own country (art world)" . 16 de septiembre 1999, Track 16 Gallery, Santa Monica, California.
2. En el "Manifiesto inaugural de la Internacional", en 1864, Karl Marx denostaba a la industria inglesa "que para poder vivir, necesita, como un vampiro, chupar sangre humana y, sobre todo, sangre de niños" (Carlos Marx-Federico Engels: *La Internacional. Documentos, artículos y cartas*. trad. de Wenceslao Roces. México: Fondo de Cultura Económica, 1988. p. 5)
3. Theodor Adorno: *Prismas. La Crítica de la Cultura y la Sociedad*. trad. Manuel Sacristan. Barcelona: Editorial Ariel, 1962, p. 187.
4. Vicente Razo: "Museo Salinas. Disposiciòn Orgánica y Estatutos", 1996.
5. Razo hacía explícita esa intención a la prensa: "¿Son mágicas estas piezas,

30

records: Vicente Razo), *El Financiero*, 25 March 1997, p. 41.

6. Jacques Derrida, *Espectros de Marx: El estado de la deuda, el trabajo de duelo y la nueva Internacional* (Specters of Marx: The state of the debt, the work of mourning, and the new international), trans. José Miguel Alarcón and Cristina Peretti (Madrid: Editorial Trotta, 1995), pp. 180, 184.

7. Razo, "Salinas Museum: Organic Laws and Statutes."

8. Guillaume Apollinaire (1912) in "A Collective Portrait of Marcel Duchamp," in Anne d'Harnoncourt and Kynaston McShine in *Marcel Duchamp* (New York: The Museum of Modern Art and Philadelphia Museum of Art, 1973), p. 180.

9. Razo, "Salinas Museum: Organic Laws and Statutes."

10. *The Writings of Marcel Duchamp*, ed. Michel Sanouillet and Elmer Peterson (New York: Da Capo, 1989), pp. 33, 142.

11. Preface by Salvador Dalí, "L'échecs c'est moi" ("Chess, it's me") in Pierre Cabanne, *Dialogues with Marcel Duchamp* (London: Thames & Hudson, 1971), p. 13.

12. "My art was an art of appropriation. I systematically sought to sign everything that had not been signed. And so I signed: holes, mysterious boxes, kicks, God, hens, etc. I was very jealous of Manzoni who signed shit and stole the idea of living sculptures from me . . ." Ben Vautier, "L'histoire de ma vie," in *Ben, pour ou contre: Une rétrospective* (Marseilles: MAC, Galeries contemporaines et musées de Marseilles, 1995), p. 14.

13. It is the paradox explored by Allan Kaprow in his article "Doctor M.D.," in d'Harnoncourt and McShine, Marcel Duchamp, pp. 204–05.

14. The exhibition "Los hartos" at the Antonio Souza Gallery in November 1961 played with the phonetic similarity in Spanish between "Arte" (art) and "Harto" (fed up) in a series of jokes which consisted of adding an "h" before the names of various professions. Thus, an "hama de casa" (housewife) showed a meal, an "hagricultor" (farmer), fruit, and an "harquitecto" (architect), a pair of tables. To confront the new realists, these "hartists" thus adopted the general public's mocking stance, aiming to denounce the former group's hypocrisy by parodying them. Francisco Reyes Palma, "Oratorio monocromático: Los hartos" (Monochromatic oratory: the hartos), in *Los Ecos de Mathias Goeritz: Ensayos y testimonios*, ed. Ida Rodríguez Prampolini and Ferrucio Asta (Mexico City: UNAM–INBA, 1997), pp. 121–29.

15. Yoloxóchitl Casas Chousal, "Poner la galería en el excusado: El Museo Salinas para fomentar el escarnio, el embrujo de presidentes, los exorcismos callejeros y el libre tránsito" ("Sticking the gallery in the toilet: the Salinas Museum to foster derision, curses on presidents, street exorcisms, and free transit"), in *Boletín Mexicano de La Crisis*, 19 April 1999, p. 21.

16. Rainer Borgemeister, "Section des Figures: The Eagle from the Oligocene to the Present," in Benjamin Buchloh, ed., *Broodthaers: Writings, Interviews, Photographs* (Cambridge, Mass.: MIT Press, 1988), p. 144.

17. Michael Oppitz, "Eagle/Pipe/Urinal" (1972) in Buchloh, *Broodthaers*, pp. 155–56.

18. "If we are concerned with the phenomenon of reification, then Art is a particular representation of the phenomenon—a form of tautology." Marcel Broodthaers, "To Be Bien Pensant . . . Or Not to Be: To Be Blind," in *Conceptual Art: A Critical Anthology,* ed. Alexander Alberro and Blake Stimson (Cambridge, Mass.: MIT Press, 1999), pp. 358–59.

19. The fact that a peripheral artist does not enter into the canon assumed by a metropolitan artist can be the motive for a heterodox reinvention.

20. Chousal, "Poner la galería en el excusado," p. 21.

Vicente?", le pregunta un reportero. "Funcionan como una reelaboración del amuleto. Exorcizan al personaje". (Oscar Enrique Ornelas: "Las baratijas de la calle constituyen un buen registro de la historia: Vicente Razo", *El Financiero*. Martes 25 de Marzo de 1997, p. 41).

6. Jacques Derrida: *Espectros de Marx. El Estado de la deuda, el trabajo de duelo y la nueva Internacional*. Trad. José Miguel Alarcón y Cristina Perreti. Madrid: Editorial Trotta, 1995, p. 184, 180.

7. Vicente Razo: "Museo Salinas. Disposiciòn Orgánica y Estatutos", 1996.

8. Guillaume Apollinaire (1912) en: "A Collective Postrait of Marcel Duchamp", Anne D'Harnoncourt & Kynaston McShine: *Marcel Duchamp*. New York: The MOMA and Philadelphia Museum of Art, 1973. p. 180.

9. Vicente Razo. Museo Salinas. "Disposición Orgánica y Estatutos", 1996.

10. *The Writings of Marcel Duchamp*. . Ed. by Michel Sanouillet and Elmer Peterson. New York: Da Capo, 1989, p. 33, 142.

11. "Preface by Salvador Dali. L'échecs, c'est moi. ("Chess, it's me") en: Pierre Cabanne: *Dialogues with Marcel Duchamp*. London: Thames and Hudson, 1971. p. 13.

12. "Mi arte era un arte de apropiación. Busque sistemáticamente firmar todo lo que no ha sido firmado. Así pues firmé: los hoyos, las cajas misteriosas, las patadas, Dios, las gallinas, etc. Estaba muy celoso de Manzoni que firmó la mierda y me robó la idea de las esculturas vivientes". Ben Vautier: "L'histoire de ma vie", *Ben, pour ou contre. Unre rétrospective*. MAC, Galeries contemporaines des musées de Marseille, 1995, p. 14.

13. Esa es la paradoja explorada por Allan Kaprow: "Doctor MD", en Anne D'Harnoncourt y Kynaston McShine: *Marcel Duchamp*, p. 204-205.

14. La exposición de "Los hartos" en la Galería Antonio Souza de noviembre de 1961 jugaba con la cercanía fonética de "Arte" y "Harto"para derivar una serie de bromas consistentes en anteponer una "h" a la designación de varios oficios. Así, una *hama de casa* exponía comida, un *hagricultor* fruta y un *harquitecto* un par de mesas. Estos "hartistas", pues, adoptaban ante el nuevo realista la actitud de burla del público general, pretendían denunciar su falsedad a partir del remedo de la sátira. (Francisco Reyes Palma: "Oratorio monocromático: Los hartos, en: Ida Rodríguez Prampolini y Ferruccio Asta (coords.), *Los Ecos de Mathias Goeritz. Ensayos y Testimonios*. México: UNAM-INBA, 1997, p. 121-129).

15. Yoloxóchitl Casas Chousal: "Poner la galería en el excusado. El Museo Salinas para fomentar el escarnio, el embrujo de presidentes, los exorcismos callejeros y el libre tránsito" en *Boletin Mexicano de La Crisis* #70, 19 abril 1999, p. 21.

16. Rainer Borgemeister: "*Section des Figures:* The Eagle from the Oligocene to the Present", en: Benjamin Buchloh, ed. *Broodthaers. Writings, Interviews, Photographs*. Cambridge Mass.-London, England: The MIT Press, 1988. p. 144.

17. Michael Oppitz: "Eagle/Pipe/Urinal" (1972) en: Buchloh, *Broodthaers*, p. 155-156.

18. "Si nos ocupamos del problema de la reificación, entonces el Arte es una forma particular de representación del fenómeno—una forma de tautología". (Marcel Broodthaears: "To be *bien pensant*... or not to be. To be blind", en: *Conceptual Art: A critical Anthology*. ed. by Alexander Alberro and Blake Stimson. Cambridge-London: The MIT Press, 1999, p. 358-359).

19. El hecho de que el artista periférico no participe del canon que asume un artista metropolitano puede ser el motivo de una reinvención heterodoxa.

20. Chousal, "Poner la galería en el Excusado," p. 21.

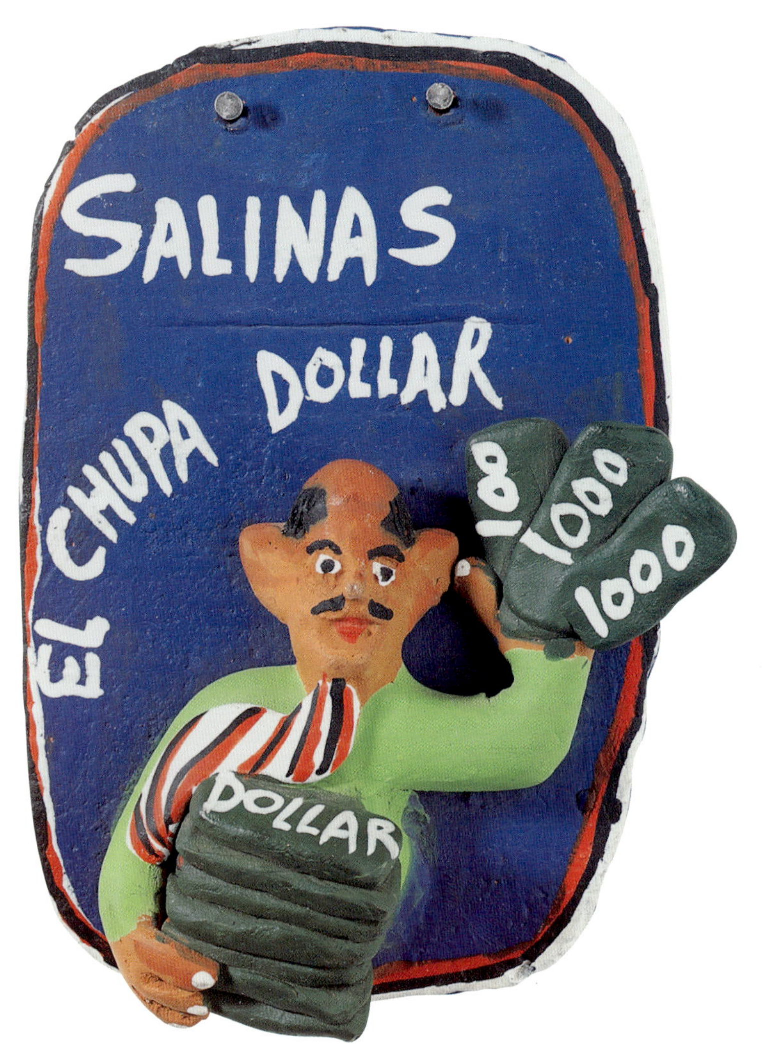

Clay figure made in
Ocumicho, Michoacan
Figura de barro hecha en
Ocumicho, Michoacán

MUSEO SALINAS ORGANIC LAWS AND STATUTES

The Salinas Museum attempts to assemble a consumist archaeology of political statements. It is an ethical installation of popular poetry negotiated through the conceptual avant-garde.

The Museum, as an institution, is consecrated to assembling and treasuring plastic trinkets turned into acts of sabotage against the state, to build a collection of street spells against the executive power, to investigate the point of contact between memorabilia and public intrigue.

Its activities include the articulation, classification, and preservation of plastic toys conceived as alternative means of political participation.

Besides functioning as an archive for the preservation of seditious souvenirs, other important institutional aims of the Museo Salinas are:

1. The popularization and promotion of its collection.
2. To support the creation of political trinkets.
3. To promote the insolence of children and youths towards the powerful.
4. To raise the level of derision and obscenity in political dialogue.
5. To engage in continuous witchcraft against Presidents.
6. To foster street exorcisms of our revolutionary institutional nightmares and to unleash the forces of moral excess in the political arena.
7. To promote and to protect the free circulation and trade of sinister jokes.

 STOP DOING READY-MADES, START MAKING MUSEUMS.

Vicente Razo
Director

MUSEO SALINAS DISPOSICION ORGÁNICA Y ESTATUTOS

El Museo Salinas es arqueología consumista de enunciados politicos. Instalación ética de poesía popular negociada en el avant garde conceptual.

Institución dedicada a la colección y atesoramiento de baratijas de hule vueltas sabotajes de estado. Acervo de hechizos callejeros al poder ejecutivo, empresa que investiga los puntos de contacto entre la memorabilia y la intriga pública.

Emprende la articulación, clasificación y conservación de bagatelas de hule entendidas como tácticas alternativas de participación política.

Además de su función como archivo y conservador de souvenirs sediciosos, otros de los objetivos principales de la corporación son los siguientes:

1. La difusión y promoción de la colección.
2. Colaborar y apoyar la creación de bagatelas políticas.
3. Promover en la niñez y la juventud la insolencia hacia el poderoso.
4. Elevar el nivel de escarnio y procacidad en la conversación politica.
5. Coadyuvar en el embrujo constante a primeros mandatorios.
6. Fomentar exorcismos callejeros de pesadillas revolucionario institucionales y generar libertinaje moral en el escenario público.
7. Impulsar y proteger el libre tránsito y comercio de bromas macabras.

DEJAR DE HACER READYMADES Y HACER MUSEOS.

Vicente Razo
El Director

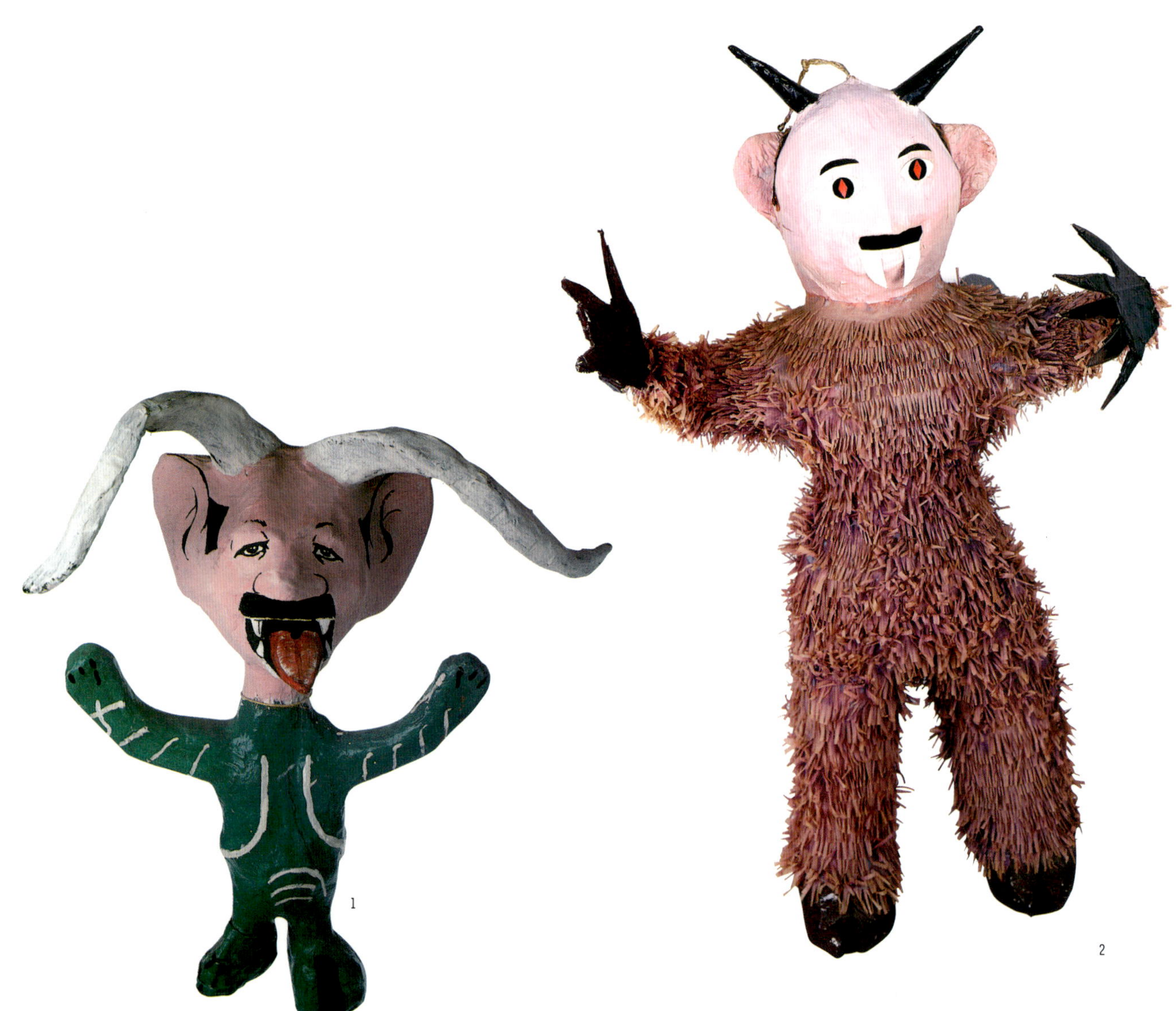

34

1

2

CHUPACABRAS

*Just because you aren't paranoid doesn't
mean that they aren't out to get you.*
—Dennis Jarog

Following in the footsteps of a celebrated statesman from
Transylvania, Carlos Salinas de Gortari managed to tran-
scend his status as a simple mortal and become a fantastic
being. Our tropical Dracula was baptized as the *chupacabras*
(originally a popular monster that killed cattle by sucking
their blood) and until today, supernatural powers have been
attributed to him, such as job-sucker, house-sucker, indus-
try-sucker and—nobody doubts this—dollar-sucker.

Some even believe that the similarity between the dead
animals found in Mexico two years after Colosio's murder,
victims of the *chupacabras,* and the comparable reports of
mysteriously mutilated cattle in the United States a year after
the assassination of John F. Kennedy is no simple coincidence.

1   Cardboard Judas figure
    Judas de cartón

2   Cardboard piñata
    Piñata de cartón

3   Plastic toys in their
    original packages
    Muñecos de plástico en
    su envoltura original

CHUPACABRAS

*El hecho de que no estés paranóico
no significa que no anden tras de ti.*
—Dennis Jarog

Siguiendo los pasos de un célebre estadista de Transilvania,
Carlos Salinas de Gortari consiguió trascender su estatus de
simple mortal al de un ser fantástico. Nuestro Drácula tropical fue bautizado como el Chupacabras —originalmente un
monstruo popular que mataba al ganado nacional chupán-
dole la sangre— y que, a la fecha, se le atribuyen poderes
sobrenaturales como chupa-empleos, chupa-casas, chupa-
empresas y, nadie lo duda, chupa-dólares.

Algunos incluso creen que no es simple coincidencia la
similitud que existe entre la extraña aparición de los
animales muertos, víctimas del Chupacabras, en México,
dos años después del asesinato de Luis Donaldo Colosio, y
el caso similar del ganado misteriosamente mutilado que
apareció en los Estados Unidos un año después del magni-
cidio de John F. Kennedy.

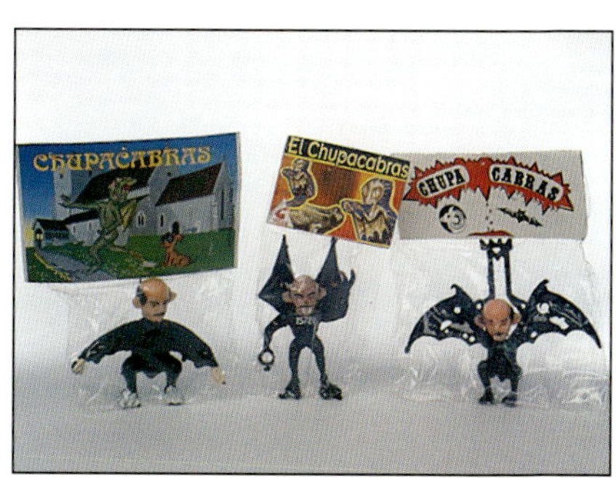

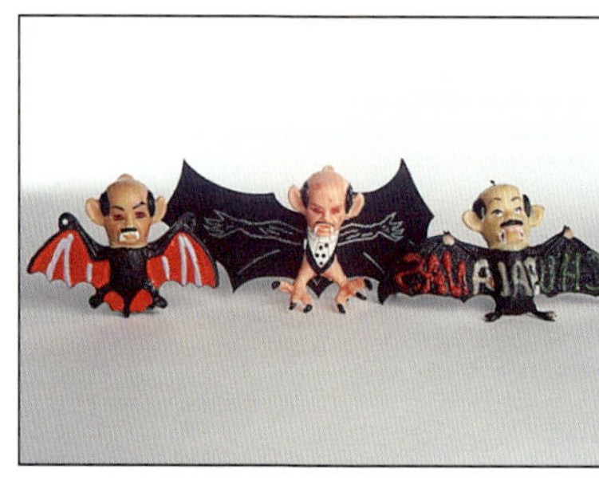

6

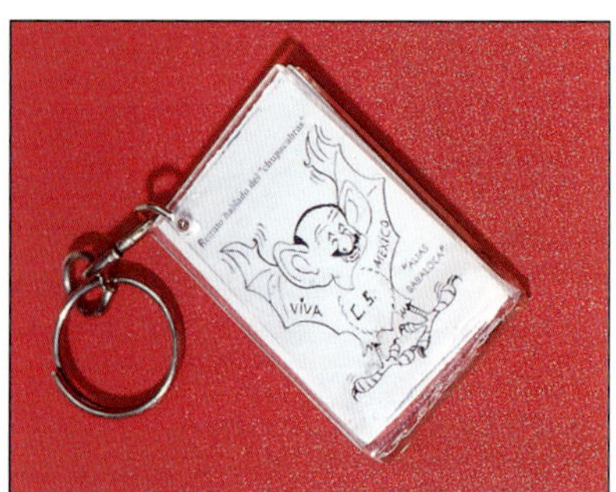

8

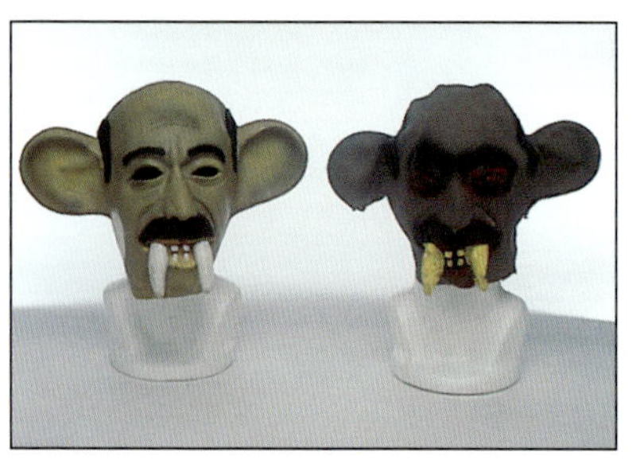

4

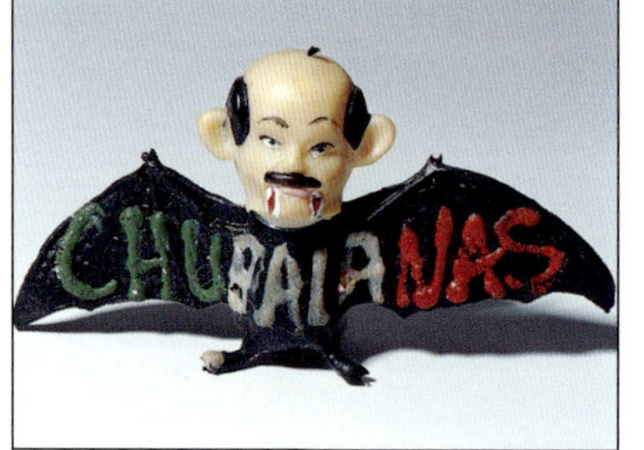

7

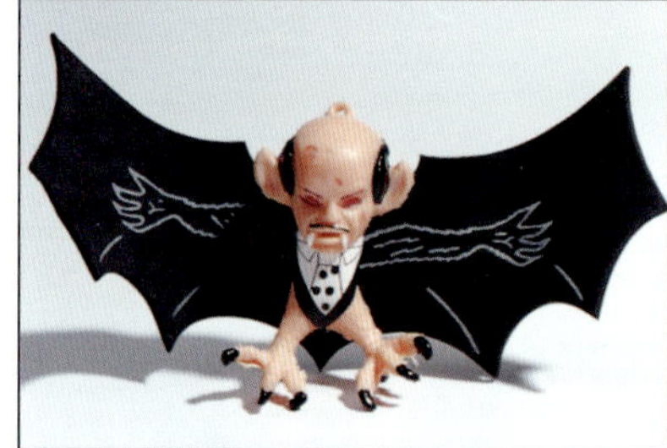

5

9

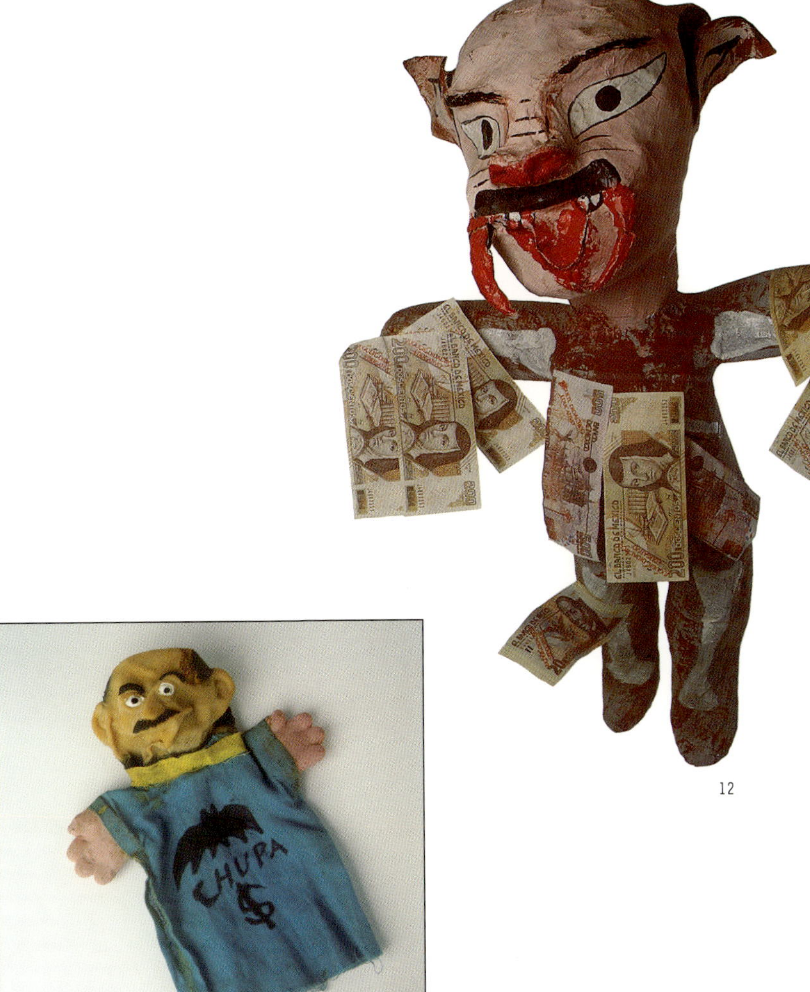

12

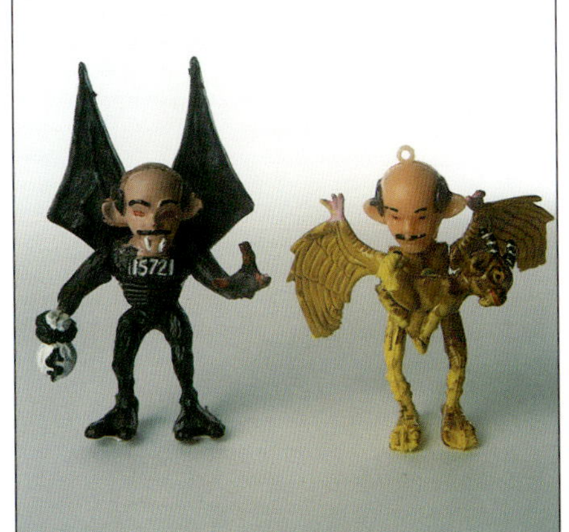

10

11

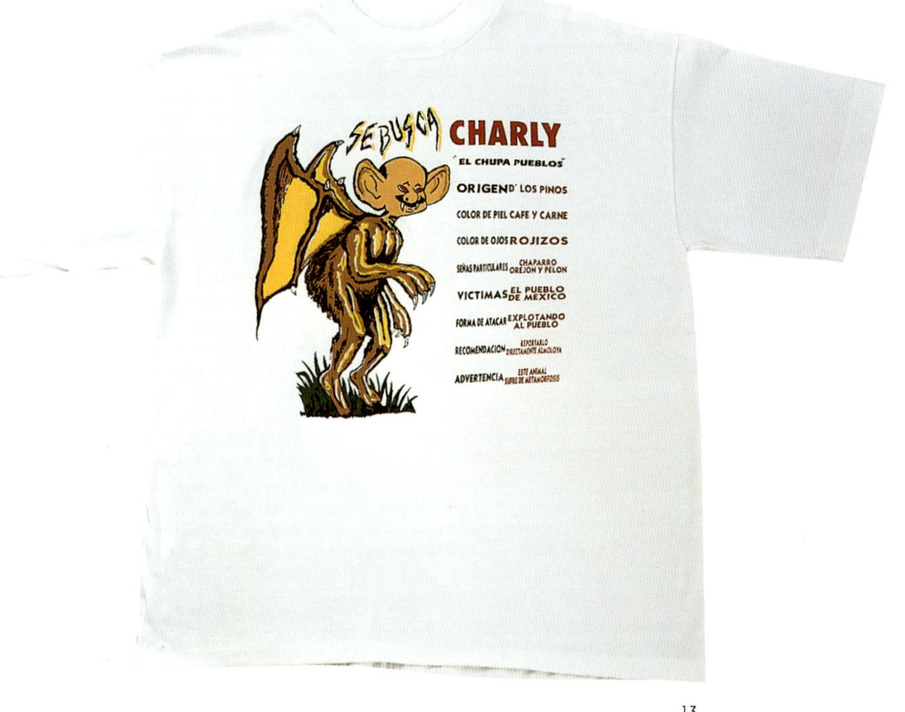
SE BUSCA CHARLY
"EL CHUPA PUEBLOS"
ORIGEN: LOS PINOS
COLOR DE PIEL CAFE Y CARNE
COLOR DE OJOS ROJIZOS
SEÑAS PARTICULARES CHAPARRO OREJON Y PELON
VICTIMAS EL PUEBLO DE MEXICO
FORMA DE ATACAR EXPLOTANDO AL PUEBLO
RECOMENDACION REPORTARLO DIRECTAMENTE ALMOLOYA
ADVERTENCIA ESTE ANIMAL SUFRE DE METAMORFOSIS

13

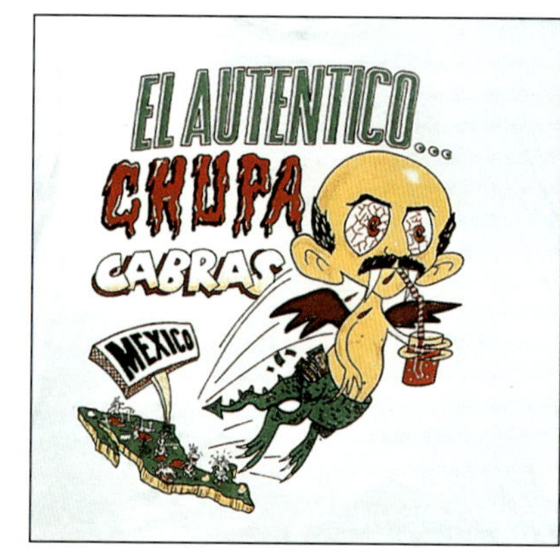
EL AUTENTICO...
CHUPA
CABRAS
MEXICO

14

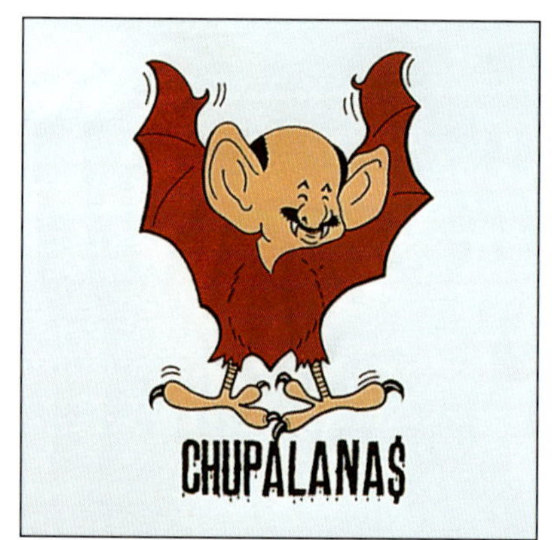
CHUPALANA$

15

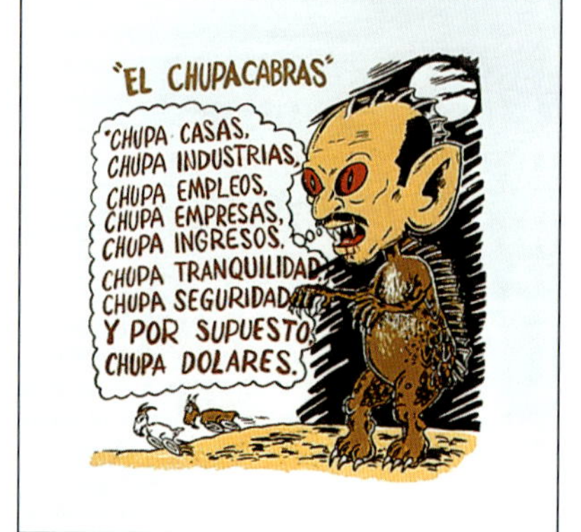
"EL CHUPACABRAS"
"CHUPA CASAS,
CHUPA INDUSTRIAS,
CHUPA EMPLEOS,
CHUPA EMPRESAS,
CHUPA INGRESOS,
CHUPA TRANQUILIDAD,
CHUPA SEGURIDAD,
Y POR SUPUESTO
CHUPA DOLARES.

16

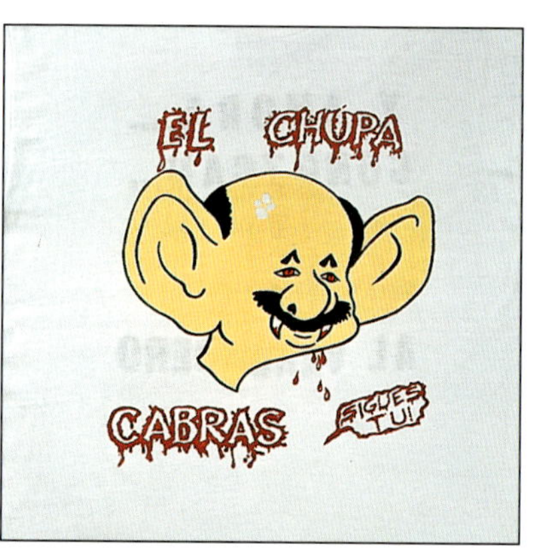
EL CHUPA
CABRAS FIGUES TUI

17

13–23 T-shirts with
various prints
*Camisetas con
varios estampados*

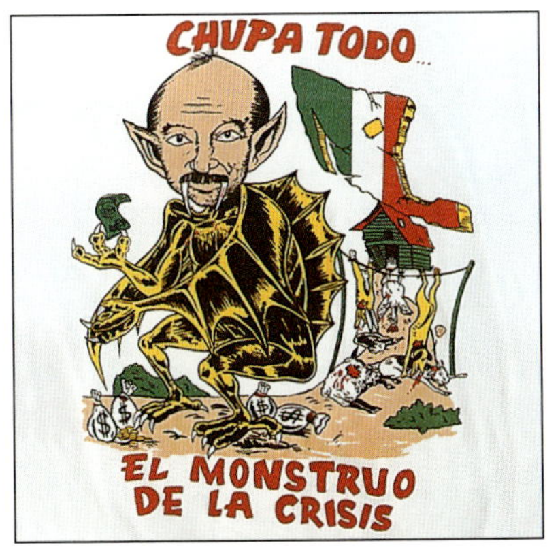

18

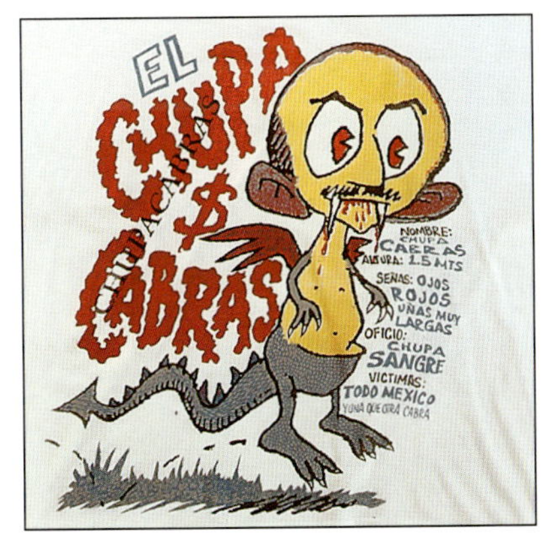

19

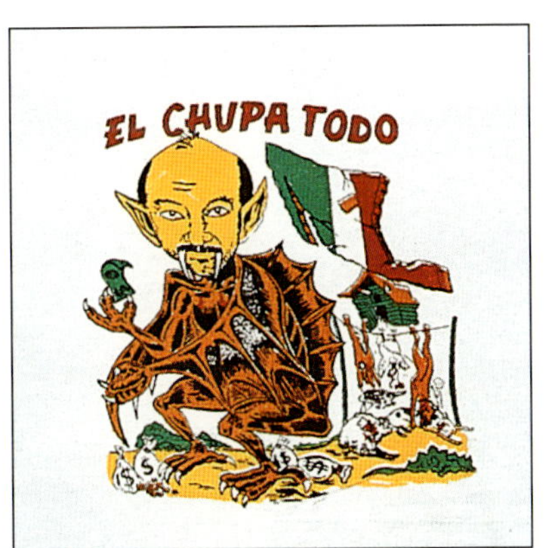

20

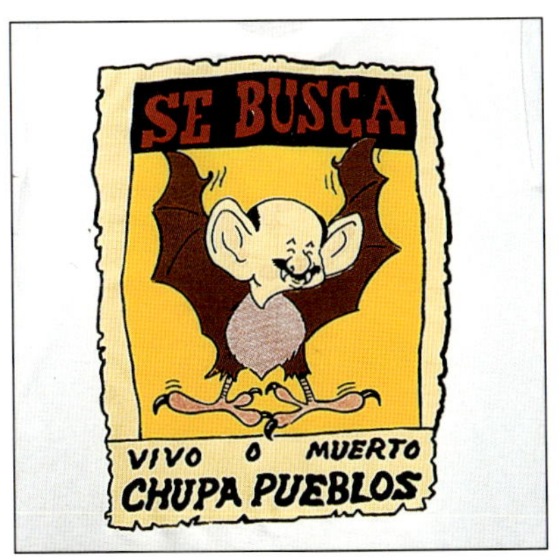

21

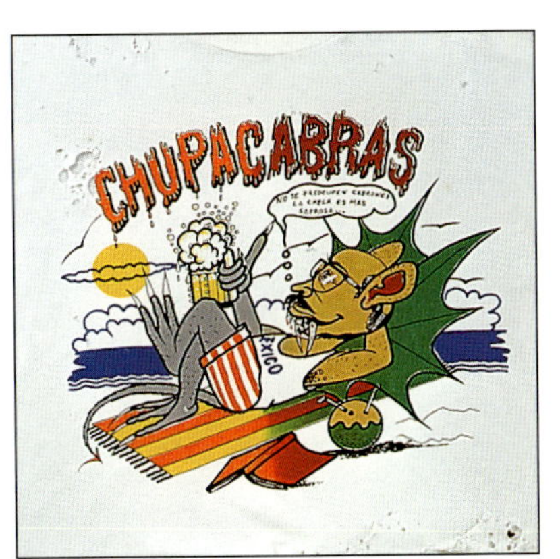

22

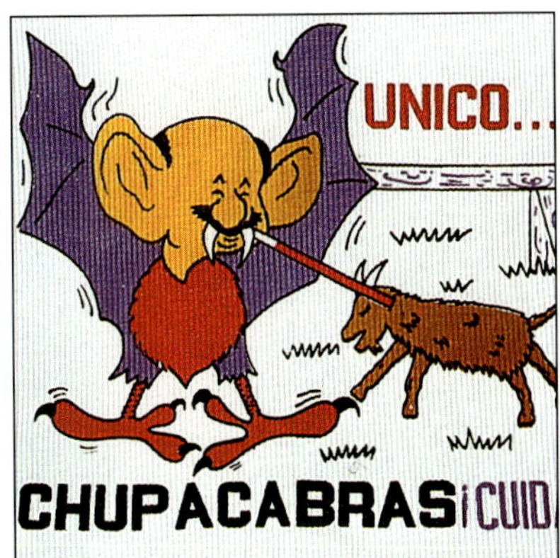

23

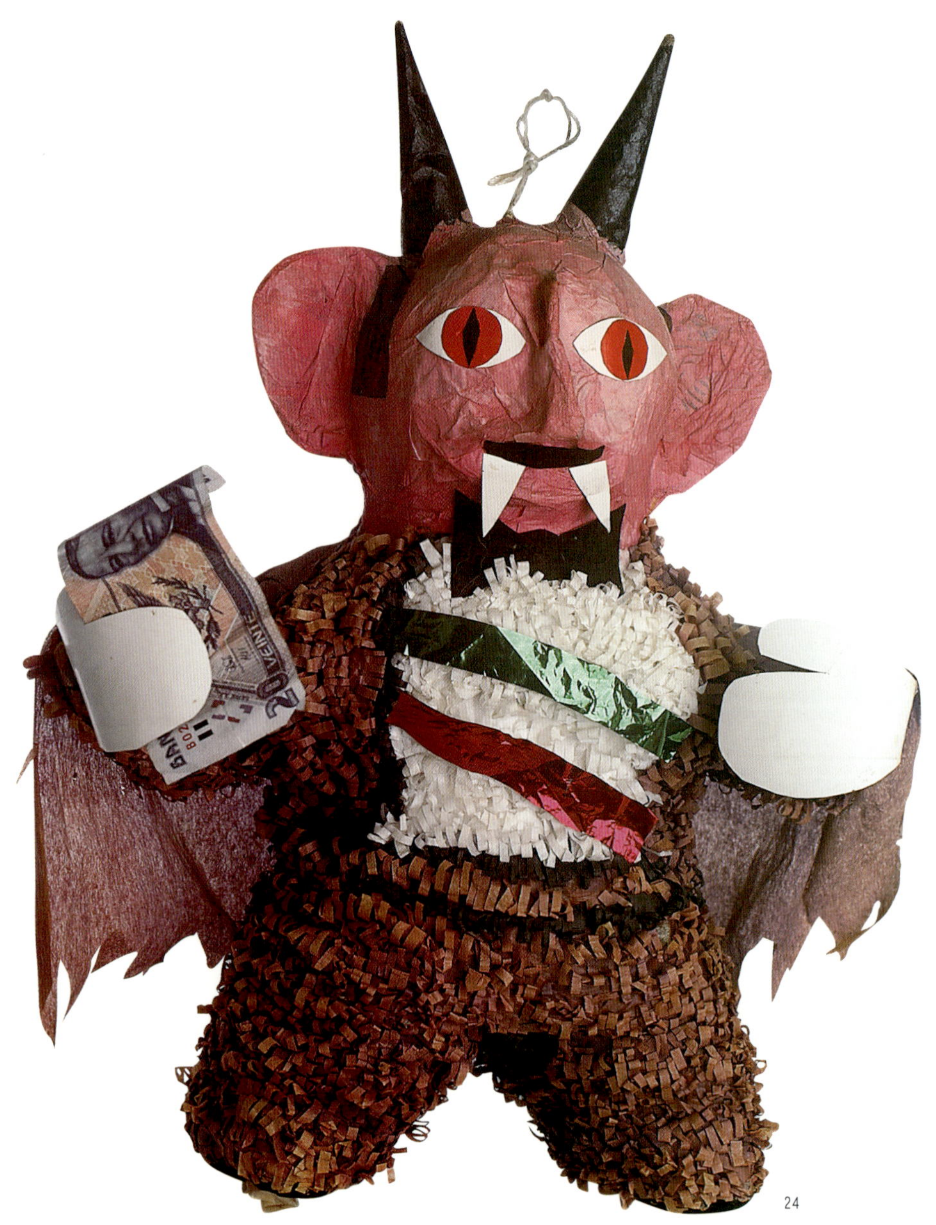

24

MYTHOLOGICAL CHARACTERS

If you can read metaphor,
you can read history.
—Robert Anton Wilson

The mythological reinterpretation of Salinas describes the dimension—which we often don't know but can imagine—of the real facts about what took place during his government with more veracity than the simple historical description of these things.

The multiple iconic reincarnations of Salinas as a devil, as Mickey Mouse, as Dracula, or as the Antichrist give form to more real presentations of his character and his role in history than the person made of flesh and bones. These reinterpretations demonstrate that in the Mexican collective imagination, myths are more true than reality.

PERSONAJES MITOLÓGICOS

Si puedes leer las metáforas,
puedes leer la historia.
Robert Anton Wilson

La reinterpretación mitológica que se ha hecho de Salinas acaso describe con más veracidad la dimensión —que a menudo no conocemos pero imaginamos— de los hechos reales que tuvieron lugar en su gobierno; más allá que el simple recuento histórico de éstos.

Las múltiples reencarnaciones icónicas de Salinas como Diablo, Mickey Mouse, Drácula o el Anticristo dan cuerpo a presentaciones más eficaces del personaje y de su papel en la historia, que la persona de carne y hueso. Éstas reinterpretaciones nos hablan sugestivamente de una metafísica nacional en la que los mitos son más verdaderos que la realidad.

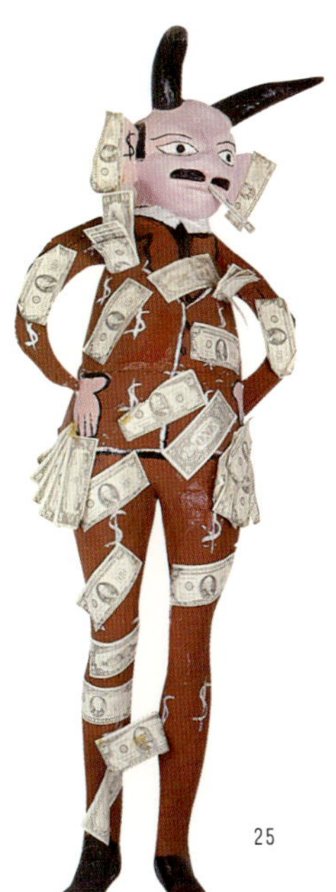

25

24 Cardboard piñata
    Piñata de cartón

25 Cardboard Judas figure
    with fake money
    Judas de cartón con
    billetes de juguete

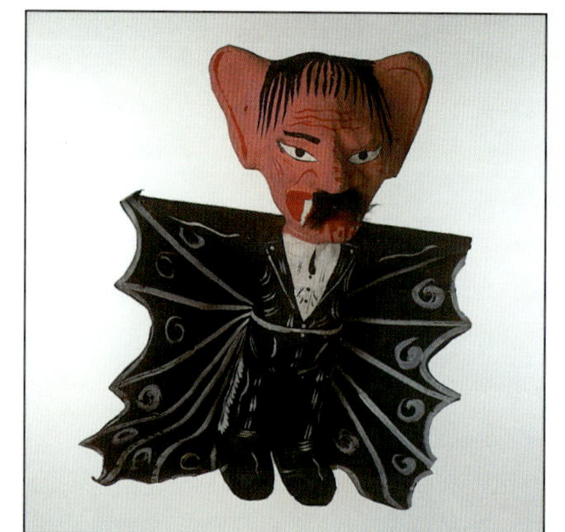

26

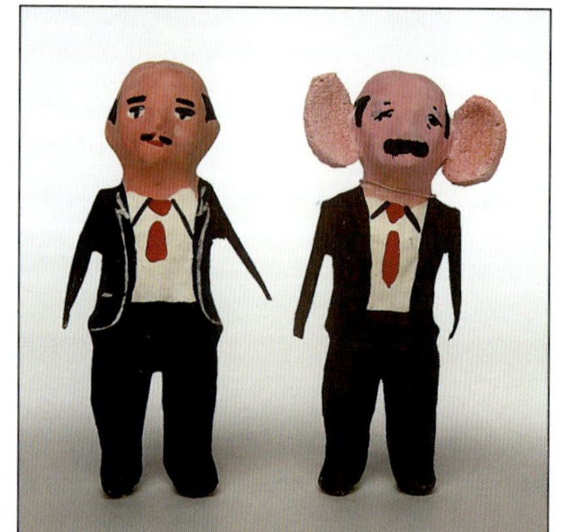

27

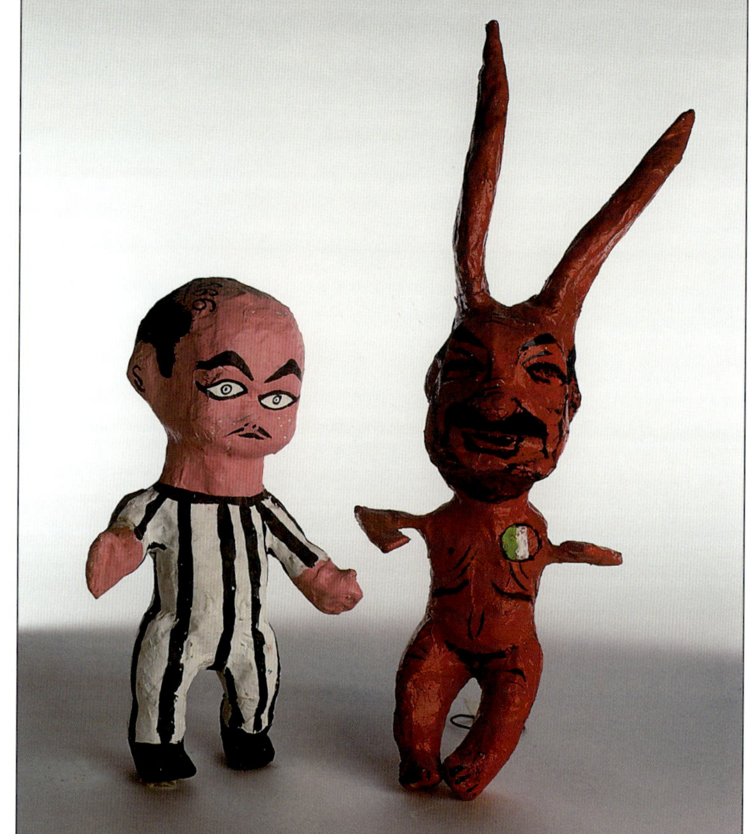

28

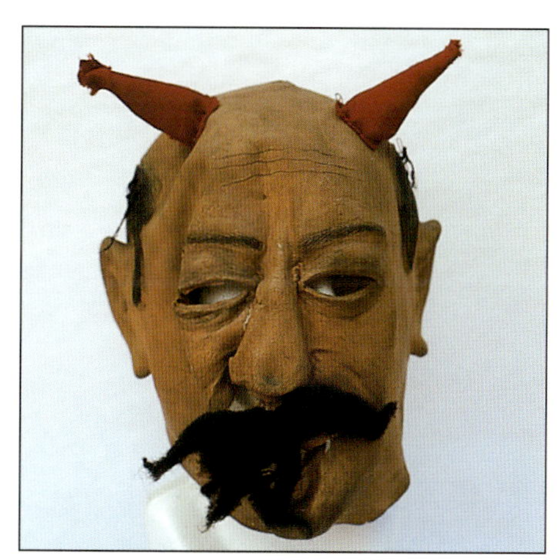

29

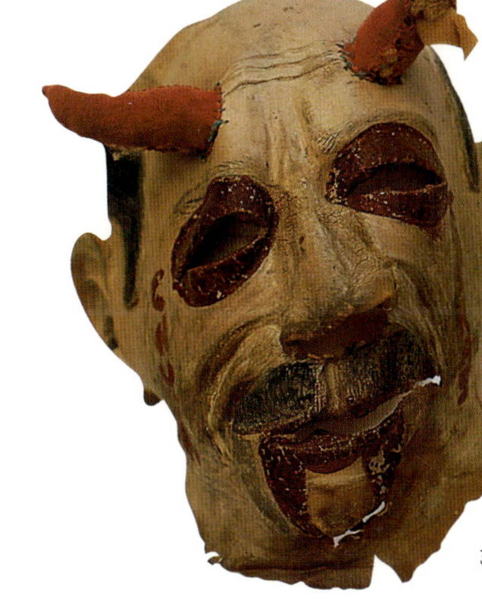

30

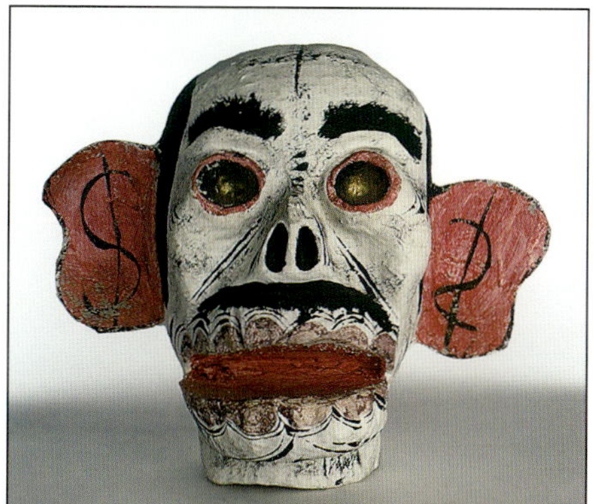

31

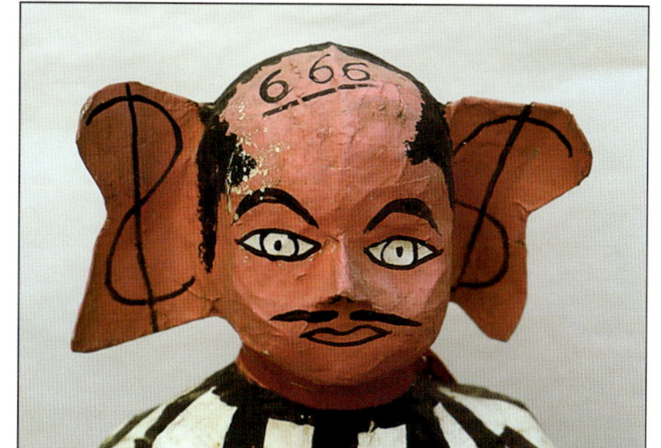

32

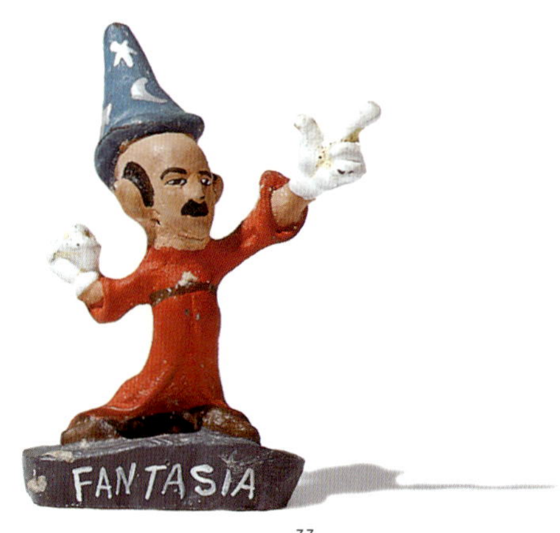

33

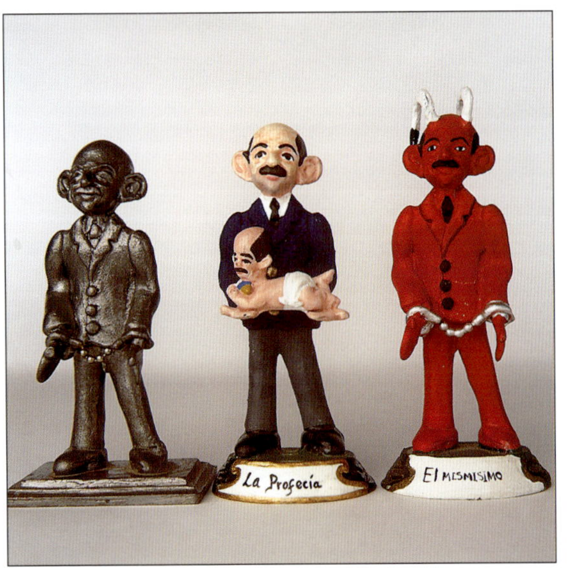

35

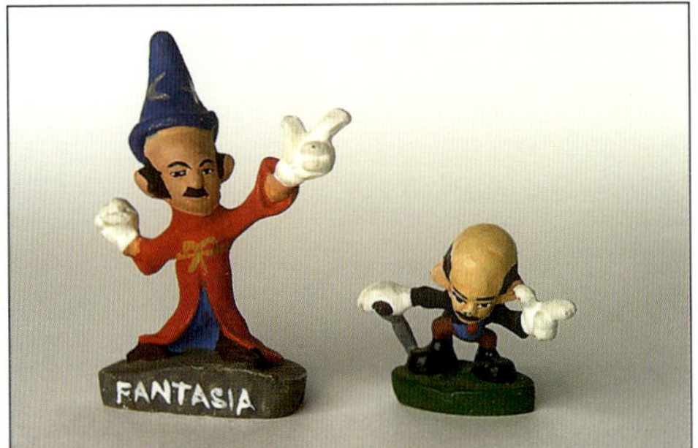

34

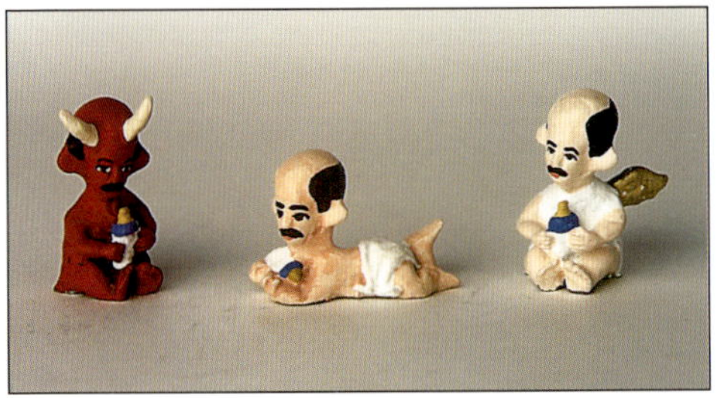

36

33 Lead Fantasia miniature
    by Luis Felguérez
    *Fantasia, miniatura de
    plomo realizada por
    Luis Felguérez*

34 Lead miniatures by
    Luis Felguérez of
    Mickey Mouse and
    Jiminy Cricket
    *Mickey Mouse y Pepe
    Grillo, miniaturas de
    plomo realizadas por
    Luis Felguérez*

35 Lead miniatures by
    Luis Felguérez of an
    inmate, the Antichrist,
    and Satan
    *Preso, El Anticristo y
    Satanás, miniaturas de
    plomo realizadas por
    Luis Felguérez*

36 Lead miniatures by
    Luis Felguérez
    *Miniaturas de plomo
    hechas por Luis
    Felguérez*

44

37 Clay and wooden
    figure with Salinas
    as a skeleton
    *Figura de barro y
    madera con una
    calavera de Salinas*

38 Clay and wooden
    figure with Salinas
    as a skeleton
    *Figura de barro y
    madera con una
    calavera de Salinas*

39 Salinas cardboard
    skeleton for Halloween
    *Salinas Calavera de
    cartón para Día de
    Muertos*

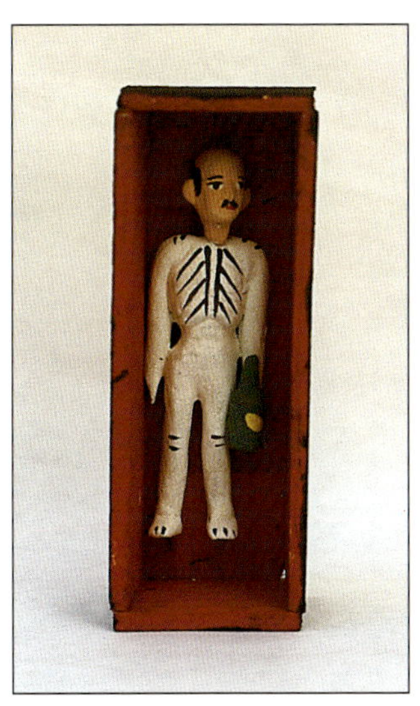

37

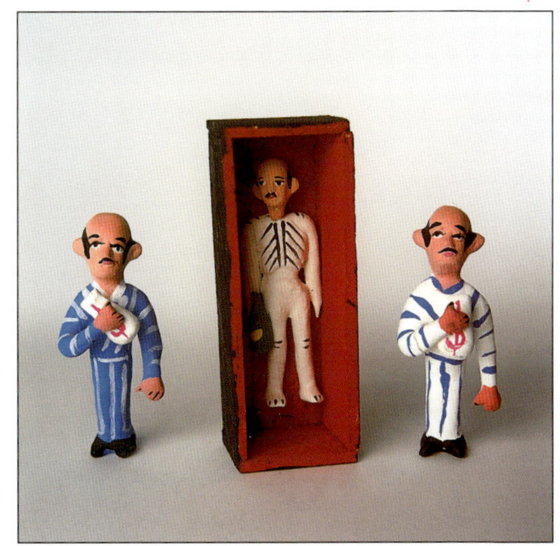

38

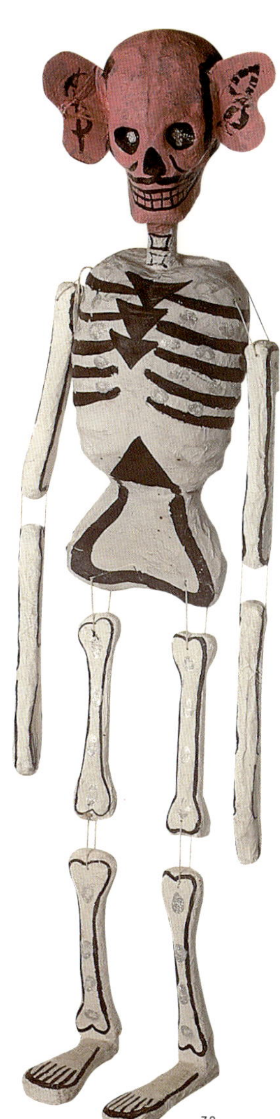

39

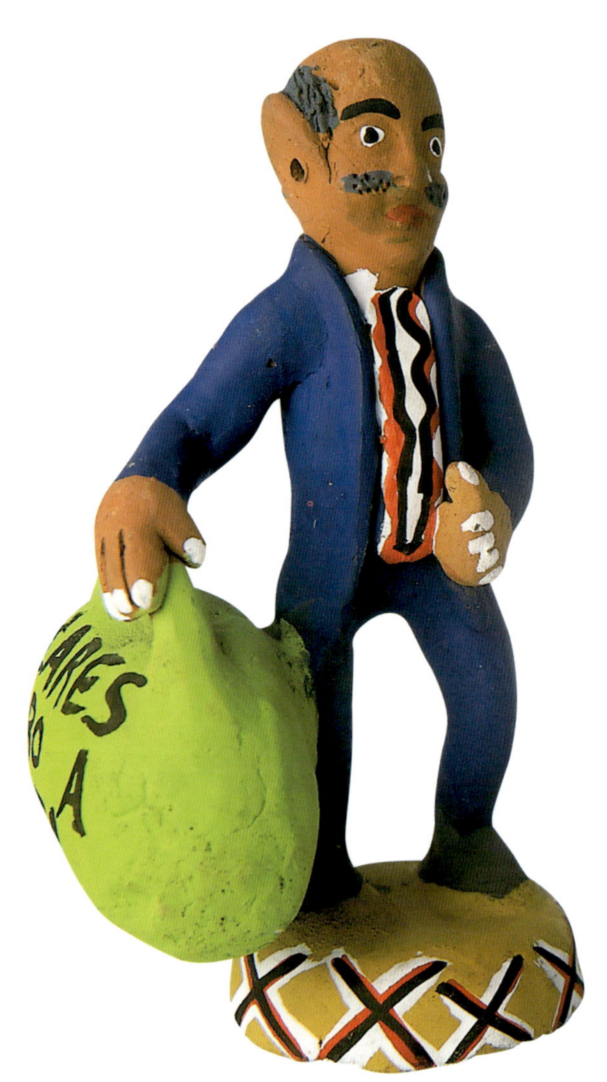
ARES
BO
A

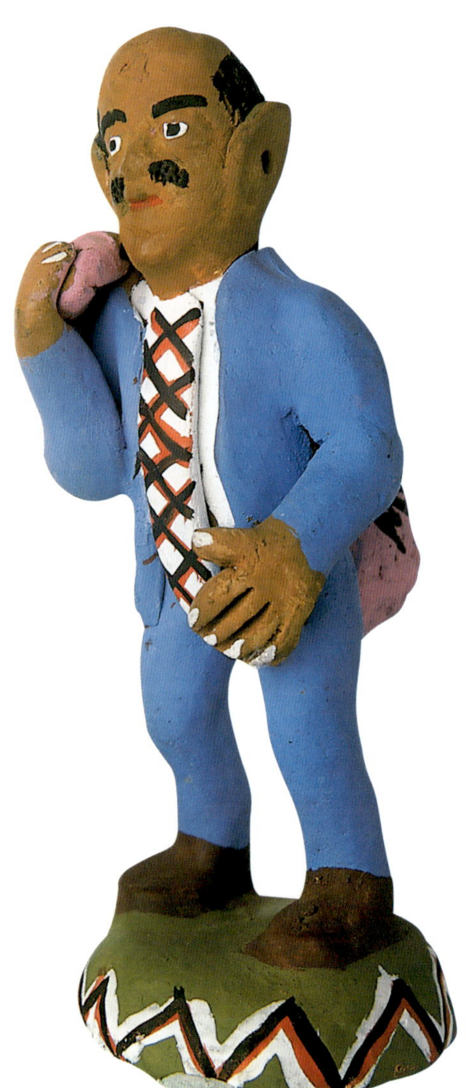

CORRUPTION, PRISON, AND MONEY

The higher I go, the crookeder it gets.
—Michael Corleone

Within the cosmic vision of the television show *Lifestyles of the Rich and Famous,* it is through the houses, the jewels, the bank accounts, and the safe-deposit boxes that one can better know the history of high society. Unfortunately, we will never be able to see a segment of this show devoted to Salinas; it would be too revealing.

The souvenirs presented in this chapter speak of Salinas's illicit enrichment and of the corruption that enabled him to construct his much commented-upon fortune. Moreover, these representations of Salinas dressed as prisoner and always accompanied by a sack of dollars evidence the dream of many to see him counting his dollars behind bars.

One of many sayings warns us: "Behind every fortune, there is a corpse in the closet." Judging by the amount of corpses that Salinas left scattered, his fortune must be frightful.

CORRUPCIÓN, CÁRCEL Y DINERO

Entre más subo, más chueco es todo.
—Michael Corleone

Dentro de la cosmología del programa de televisión *Lifestyles of the rich and famous,* es a través de las casas, joyas, las cuentas de banco y las cajas fuertes, como uno mejor conoce la historia de la alta sociedad. Desgraciadamente nunca podremos ver un capítulo de este programa dedicado a Salinas, sería demasiado revelador.

Los souvenirs que se presentan en este capítulo nos hablan del supuesto enriquecimiento ilícito y corrupción en que Salinas estuvo implicado para construir su muy comentada fortuna. Más aún, estas representaciones de Salinas, vestido de preso y siempre acompañado de un costal de dólares, palpan el sueño de muchos por verlo contando sus dólares, pero tras las rejas.

Uno de tantos dichos nos advierte: "Detrás de toda fortuna, hay un cadáver en el closet". A juzgar por los cadáveres fabricados durante el sexenio de Salinas, su fortuna debe ser de espanto.

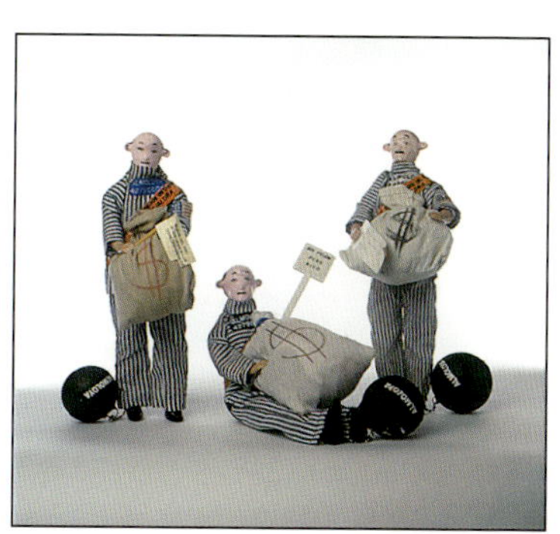

40 Clay figures made in Ocumicho, Michoacan
Figuras de barro hechas en Ocumicho, Michoacán

41 Barbie dolls customized as Salinas in prison
Muñecos de Barbie transformados en Salinas presidario

SUEÑO DE TODOS LOS MEXICANOS

SUEÑO DE TODOS LOS MEXICANOS

42

SE BUSCA
01 1294

43

01 1294

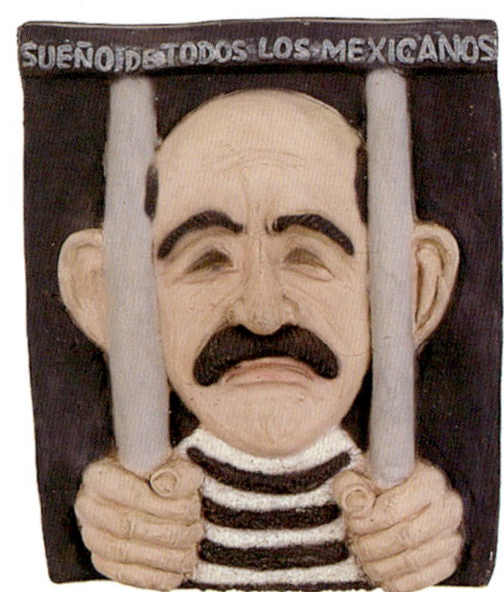

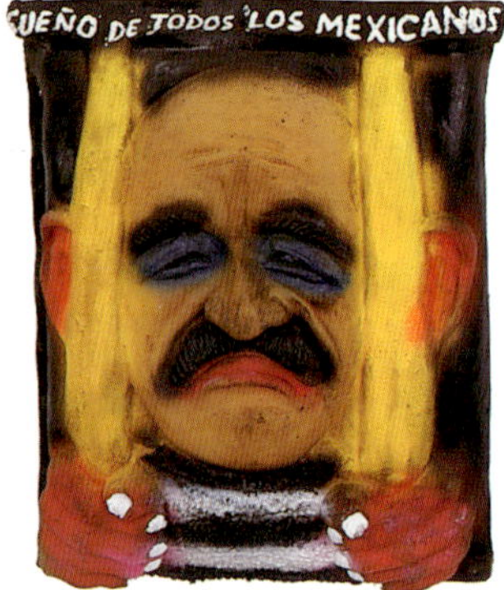

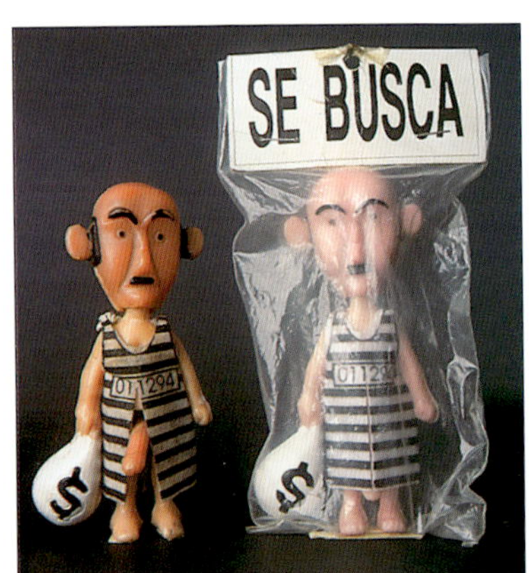

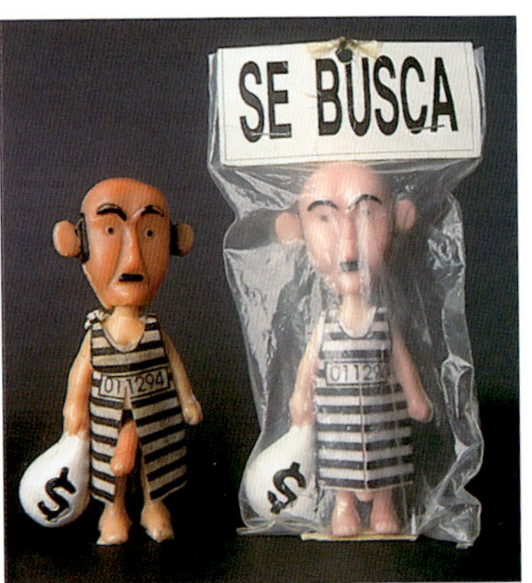

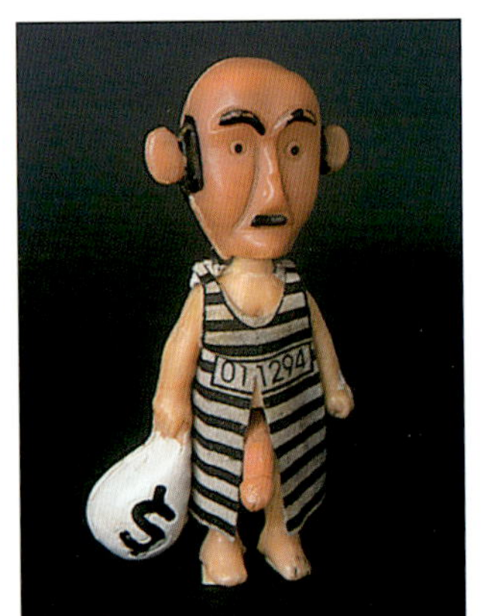

44

48

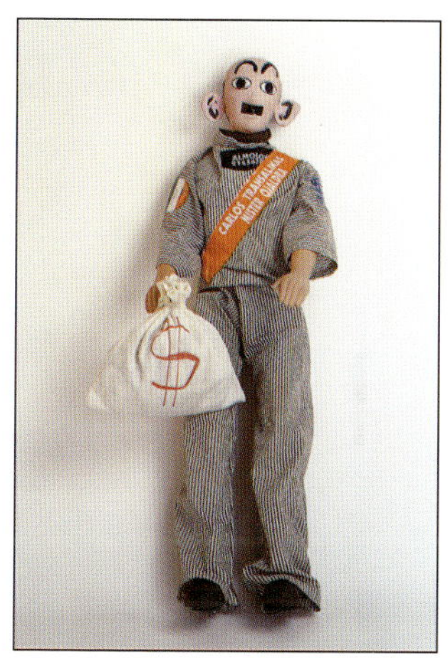

45

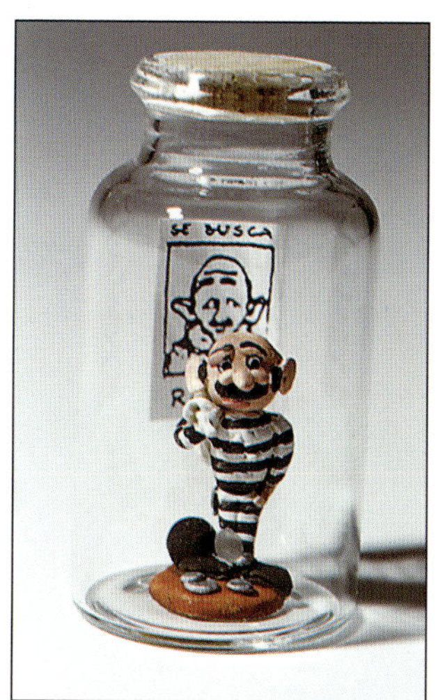

46

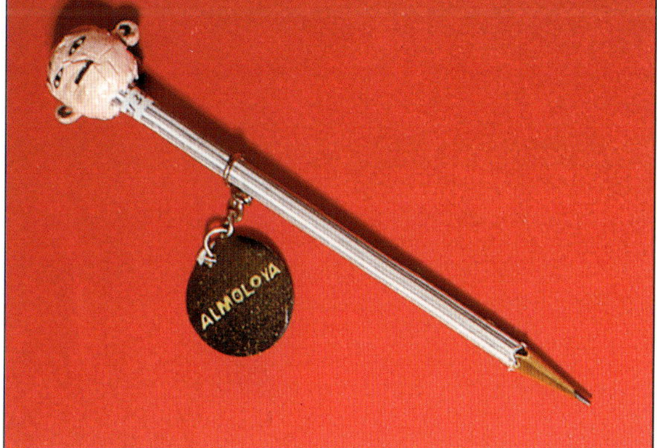

47

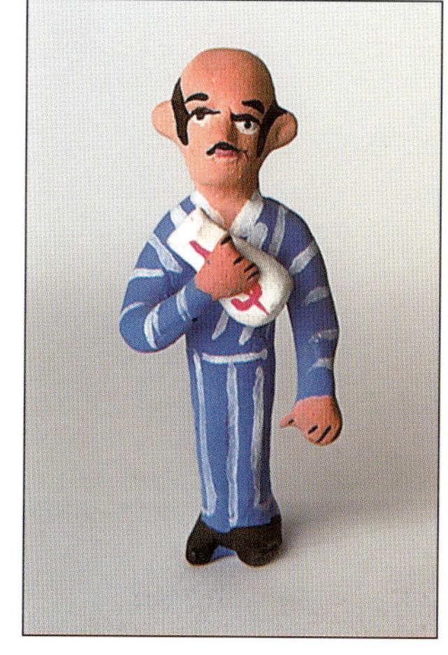

48

45 Giant Barbie doll
customized as
Salinas in prison
*Muñeco gigante de
Barbie transformado
en Salinas presidario*

46 Chalk miniature
Miniatura de gis

47 Pencil with
Salinas head
*Lápiz con cabeza
de Salinas*

48 Clay miniature
Miniatura de barro

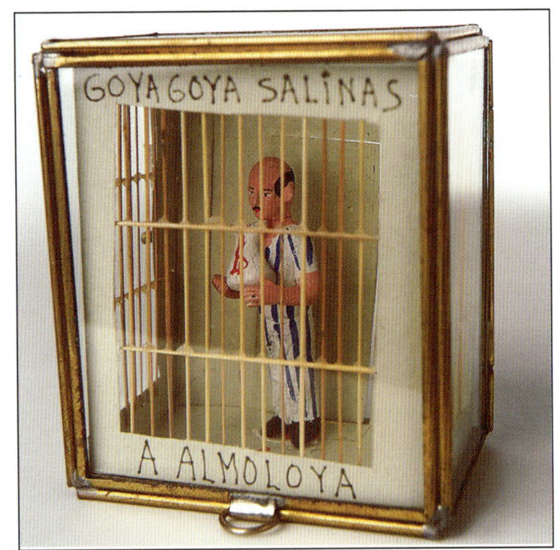

49

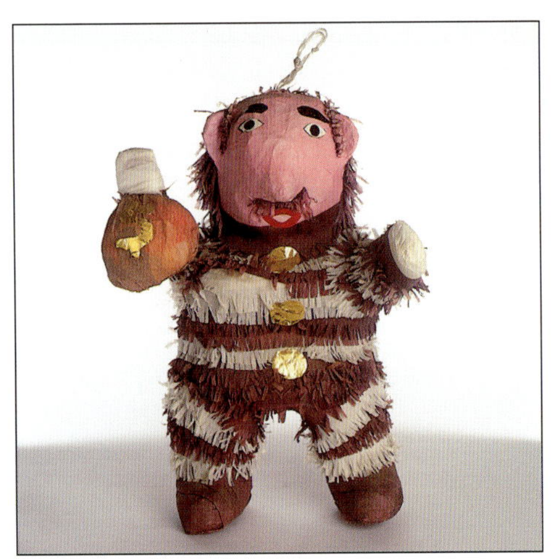

50

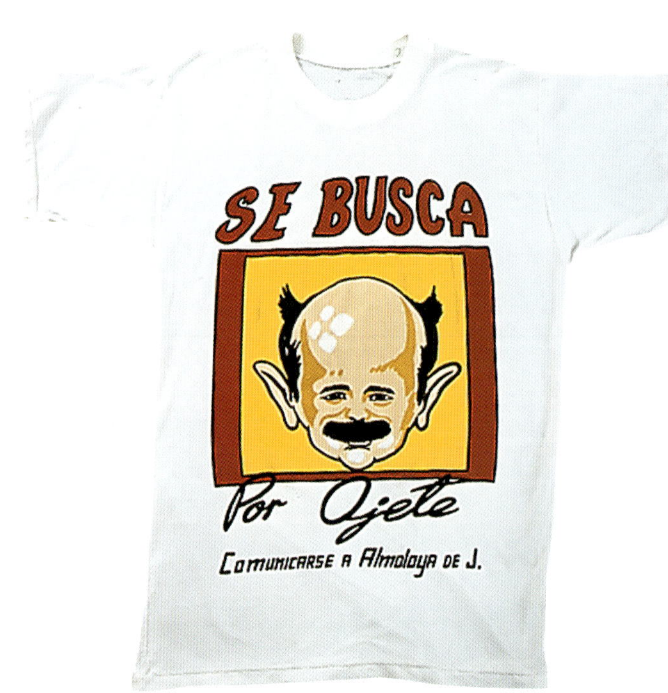

51

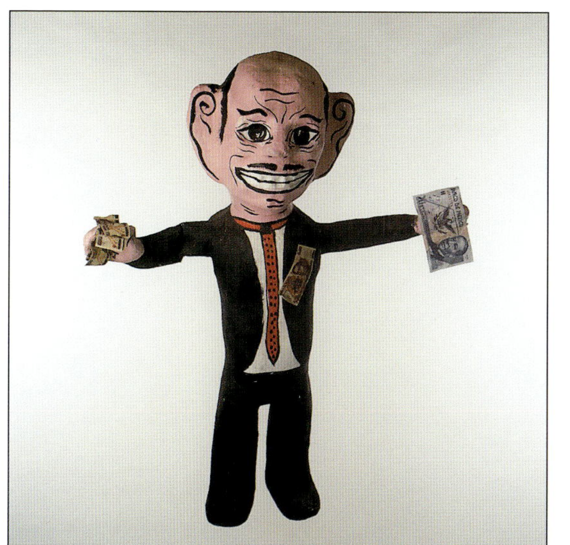

52

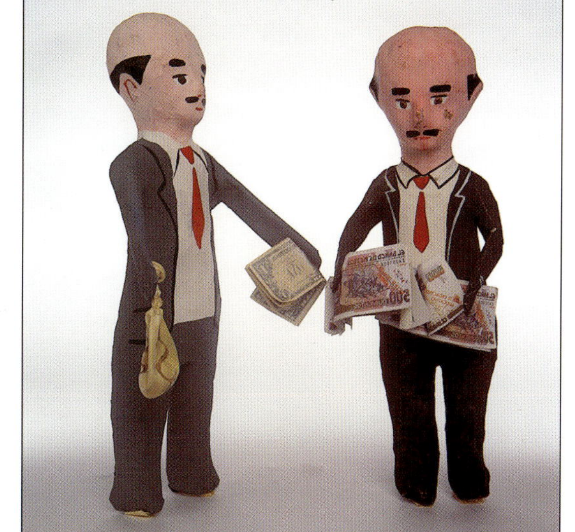

53

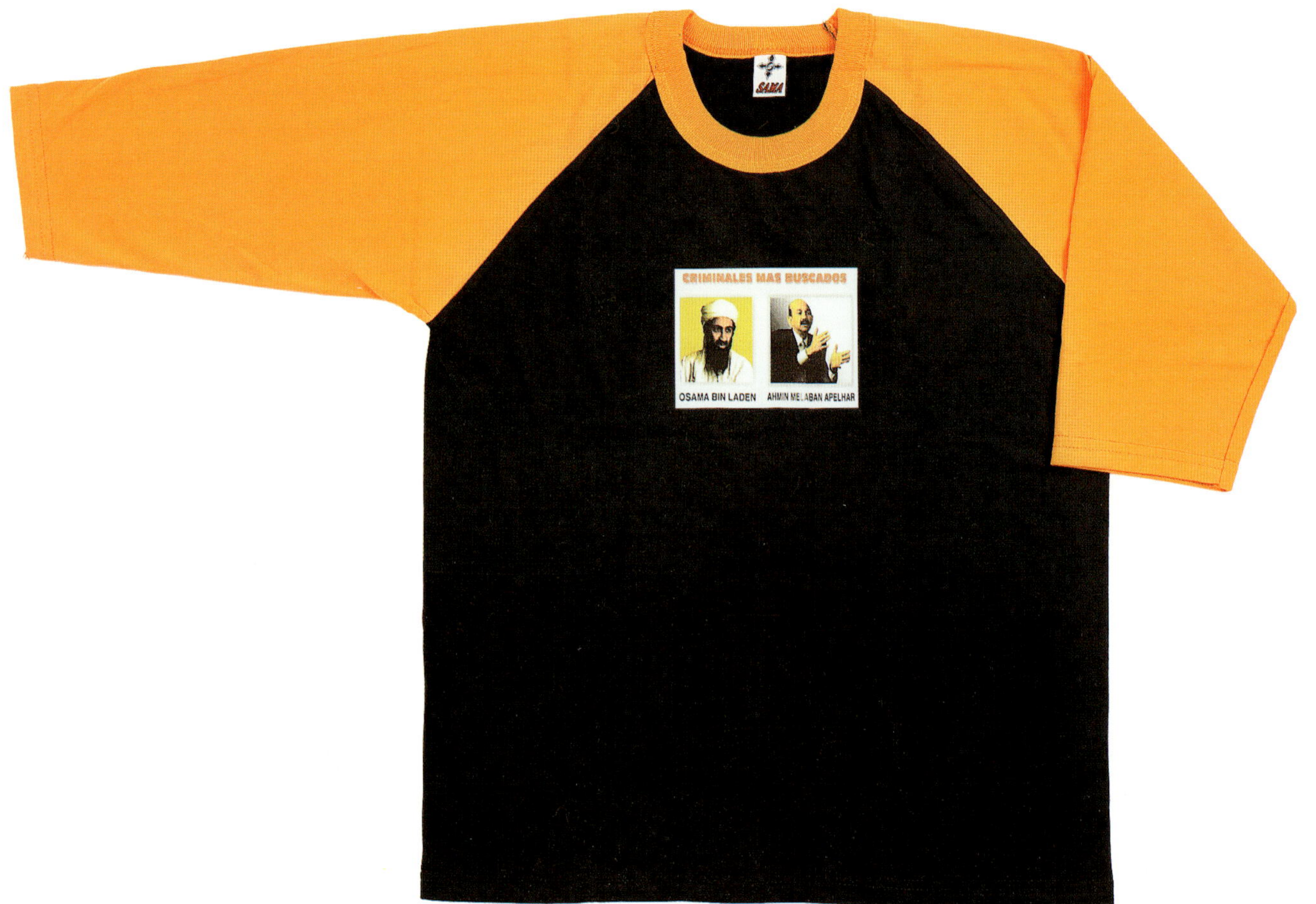
CRIMINALES MAS BUSCADOS
OSAMA BIN LADEN
AHMIN MELABAN APELHAR

HISTORY LESSONS

*Our only obligation to history
is to rewrite it.*
–Oscar Wilde

Strange anecdotes about the complicated national history of Mexico are synthesized in small didactic souvenirs. To explicate the crossing in them of such references as Santa Anna–Free Trade Agreement–Salinas or *Finca del Encanto–baseball–Muñoz Rocha* requires a broad and eccentric bibliography that includes gossip and tabloid data.

Many of these pieces have an absurd element to those uninitiated in the mysteries of Mexico's history, stories, folklore, and rumors. Others make use of the universal to demonstrate their point: for example, Salinas as Napoleon, or Salinas versus Marcos.

LECCIONES DE HISTORIA

*Nuestro único deber con la historia
es volver a escribirla.*
—Oscar Wilde

Extrañas anécdotas sobre la complicada historia nacional se sintetizan en pequeños souvenirs didácticos; y en ellos, despejar el cruce de referencias (Gnomo Irlandés-Salinas o Finca del Encanto-Béisbol-Muñoz Rocha, por ejemplo) requiere la consulta de una excéntrica y amplia bibliografía que abarque el chisme y la nota roja.

Varias de estas piezas tienen una lectura absurda para el no iniciado en el esoterismo del rumor y el folklore de la historia y de la historieta nacional; mientras que otras piezas echan mano a lo universal para demostrar su punto. Por ejemplo: Salinas como Napoleón o Salinas contra Marcos.

54 T-shirt with "Most Wanted Criminals"
Camiseta con leyenda de "Criminales más buscados"

55 Traditional wooden toy depicting Salinas vs. Marcos
Salinas vs Marcos artesanía de madera

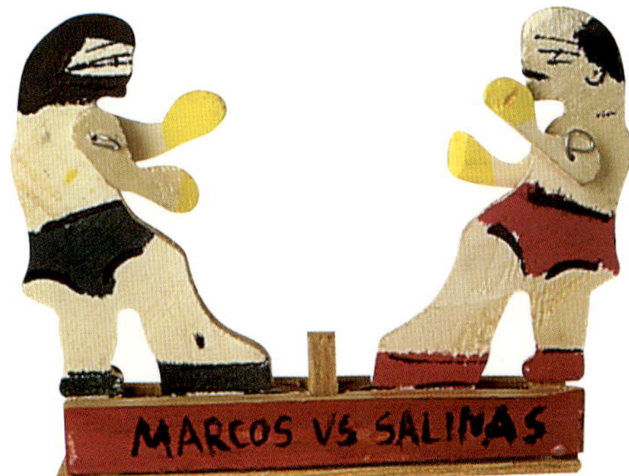

55

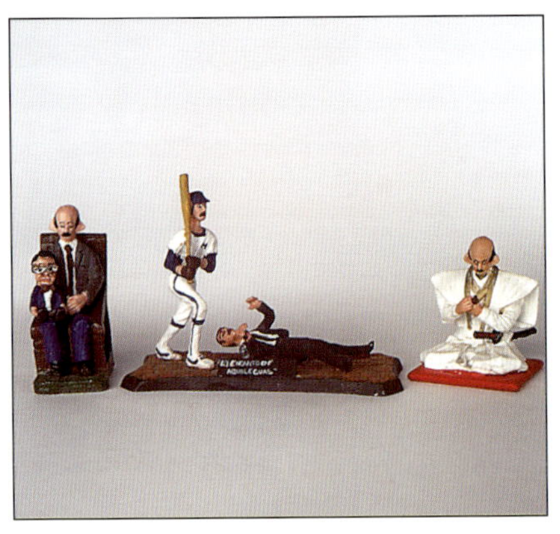

56

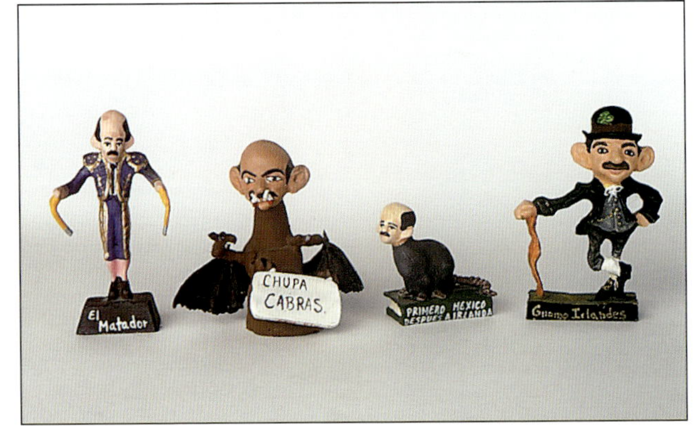

57

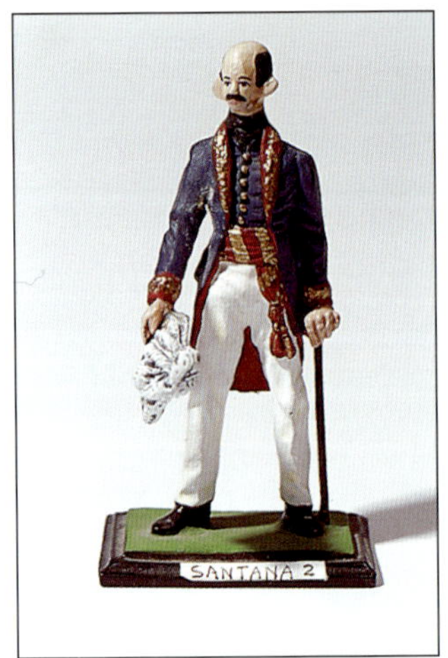

58

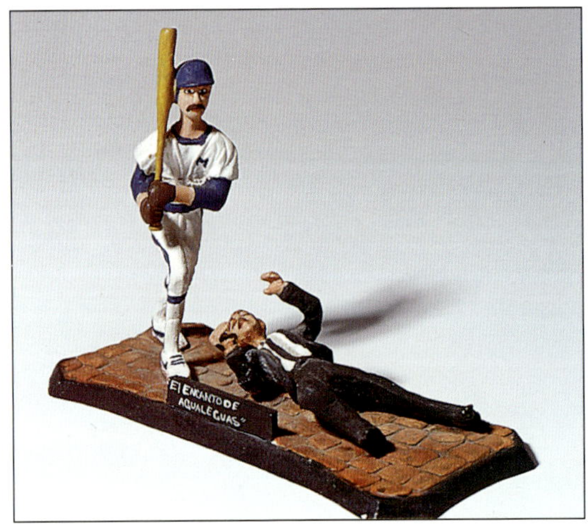

59

56 Lead miniatures by Luis Felguérez of The Errant Jew, The Charm from Agualeguas, and Hara Kiri
El Judío Errante, El encanto de Agualeguas, y Hara Kiri, miniaturas de plomo realizadas por Luis Felguérez

57 Lead miniatures by Luis Felguérez of a matador, *chupacabras*, rat, and leprechaun
Matador, Chupacabras, Ratones y Leprechaun, miniaturas de plomo realizadas por Luis Felguérez

58 Lead miniature by Luis Felguérez of Santa Anna II
Santa Anna II, miniatura de plomo realizada por Luis Felguérez

59 Lead miniature by Luis Felguérez of The Charm from Agualeguas
El encanto de Agualeguas, miniatura de plomo realizada por Luis Felguérez

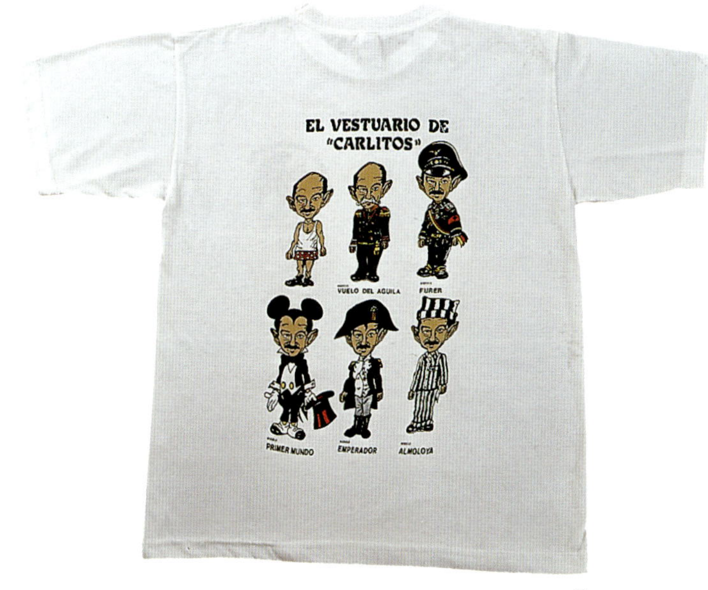
EL VESTUARIO DE
"CARLITOS"
VUELO DEL AGUILA
FURER
PRIMER MUNDO
EMPERADOR
ALMOLOYA

60

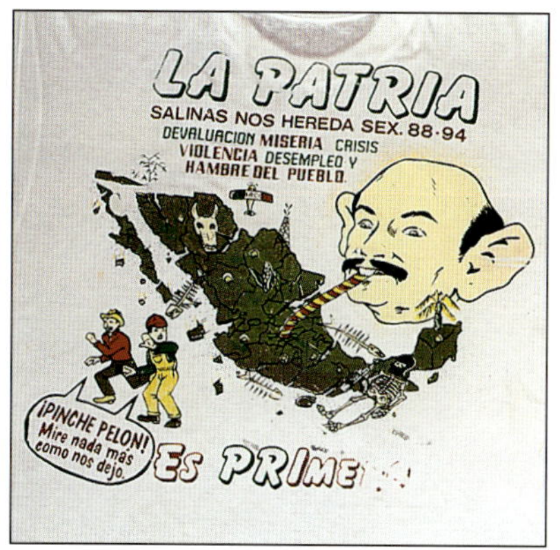
LA PATRIA
SALINAS NOS HEREDA SEX. 88-94
DEVALUACION MISERIA CRISIS
VIOLENCIA DESEMPLEO Y
HAMBRE DEL PUEBLO.
¡PINCHE PELON!
Mire nada más
como nos dejo.
ES PRIME...!

61

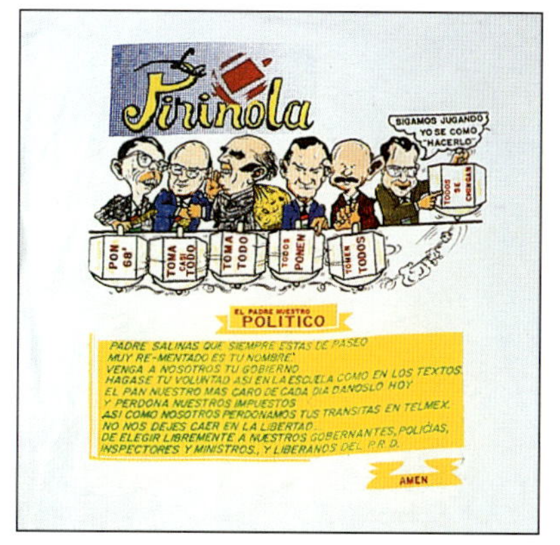
Pirinola
SIGAMOS JUGANDO
YO SE COMO
"HACERLO"
PON
68
TOMA
TODO
TOMA
TODO
TODOS
PONEN
TOMA
TODOS
EL PADRE NUESTRO
POLITICO
PADRE SALINAS QUE SIEMPRE ESTAS DE PASEO
MUY RE-MENTADO ES TU NOMBRE.
VENGA A NOSOTROS TU GOBIERNO.
HAGASE TU VOLUNTAD ASI EN LA ESCUELA COMO EN LOS TEXTOS.
EL PAN NUESTRO MAS CARO DE CADA DIA DANOSLO HOY
Y PERDONA NUESTROS IMPUESTOS
ASI COMO NOSOTROS PERDONAMOS TUS TRANSITAS EN TELMEX.
NO NOS DEJES CAER EN LA LIBERTAD
DE ELEGIR LIBREMENTE A NUESTROS GOBERNANTES, POLICIAS,
INSPECTORES Y MINISTROS, Y LIBERANOS DEL P.R.D.
AMEN

62

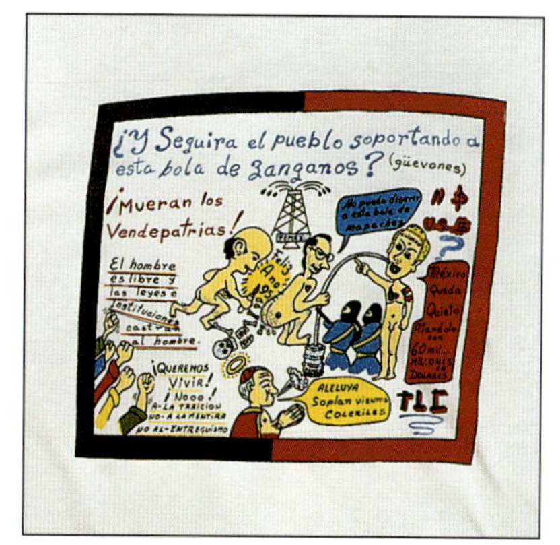
¿Y Seguira el pueblo soportando a
esta bola de zanganos? (güevones)
¡Mueran los
Vendepatrias!
El hombre
es libre y
las leyes a
¡Queremos
Vivir!
ALELUYA
Soplan vientos
Coleriles
TLC

63

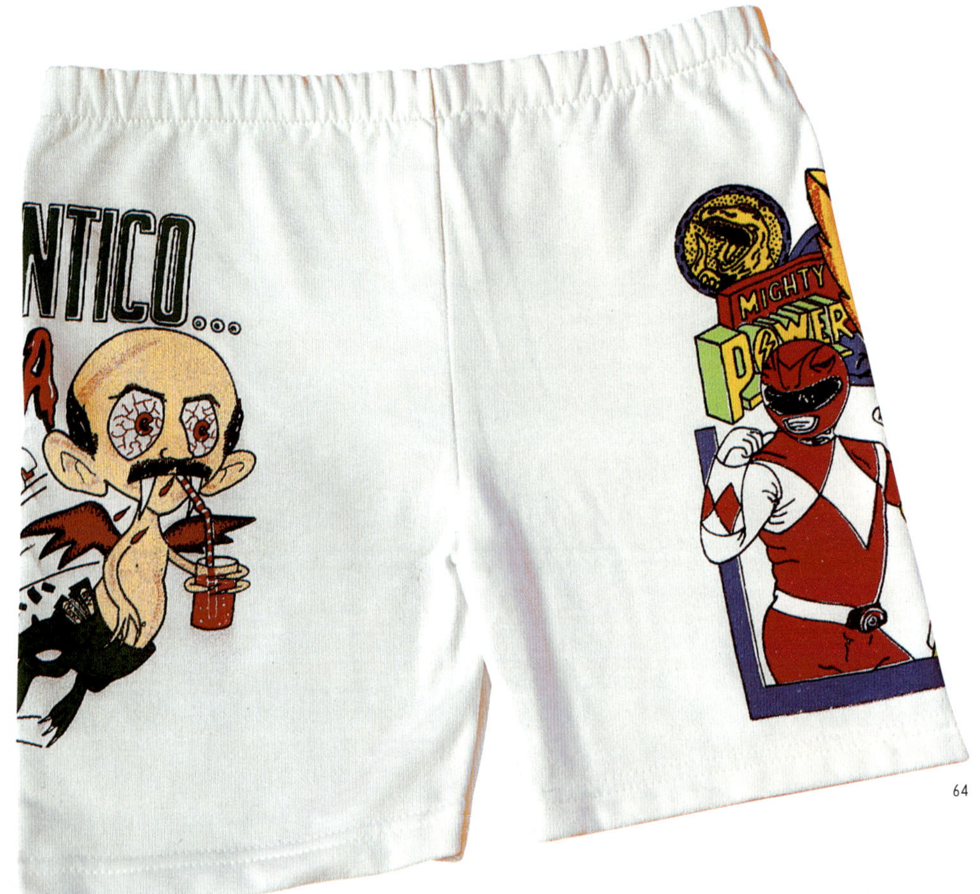
NTICO...
MIGHTY
POWER

BIZARRE WORLD

*Anything that cannot or will not gain accept-
ance if presented seriously will always be
accepted if properly presented as a joke.*
—Anton LaVey

The exotic supply of articles that street sellers offer in
Mexico City satisfies even the most sophisticated palate.

The following artifacts—in which the trinket meets and
mixes with the political—are extreme objects that trespass
the most radical notions of beauty and in which the most
opposite and delirious aesthetics happily coexist.

Tattoos for children, chocolate lollipops, bald babies with big
ears and a moustache, and anarchical silkscreens are only
some examples of these works that celebrate the baroque
and excessive. Singular jewels of the Museo Salinas, fabri-
cated in spurious plastic and adulterated chocolate, found
around the corner.

MUNDO BIZARRO

*Cualquier cosa que no pueda ganar aceptación
si es presentada seriamente, siempre será
aceptada si es presentada como una broma.*
—Anton LaVey

El exótico surtido de artículos que el comercio ambulante
ofrece en la Ciudad de México satisface hasta al paladar
más sofisticado.

Los siguientes artificios—en los que la cháchara se encuen-
tra y se mezcla con lo político— son objetos extremos que
rebasan las nociones más radicales de belleza y en los
cuales las estéticas más opuestas y delirantes conviven
felizmente.

Tatuajes para niños, paletas de chocolate, bebés orejones
con calva y bigotes, y serigrafías ácratas son tan solo
algunos ejemplos de estas obras que celebran lo barroco y
el exceso, singulares joyas del Museo Salinas fabricadas en
hule espurio o chocolate adulterado.

64 Children's shorts
printed with Salinas
and the Power Rangers
Short para niño con
estampado de Salinas
y Power Rangers

65 Baseball cap with
chupacabras design
Gorra con imagen
del Chupacabras

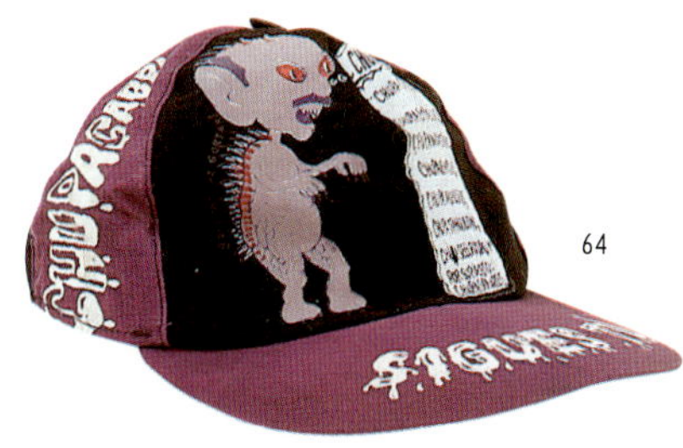

64

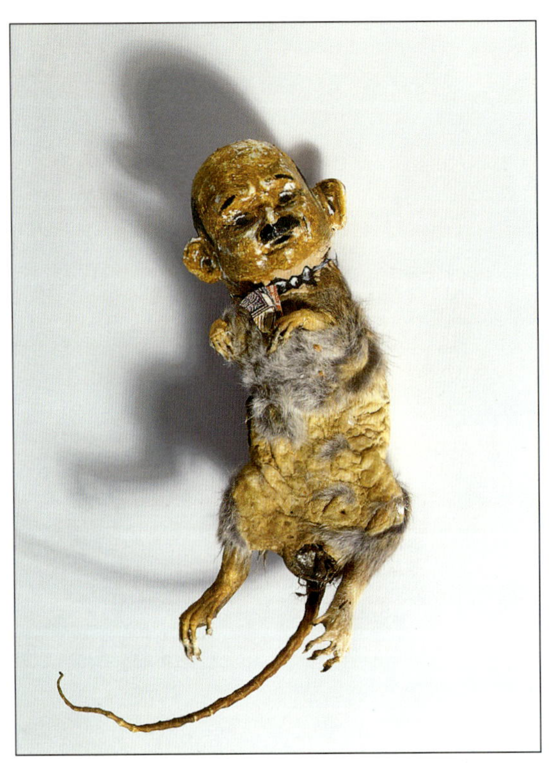

66

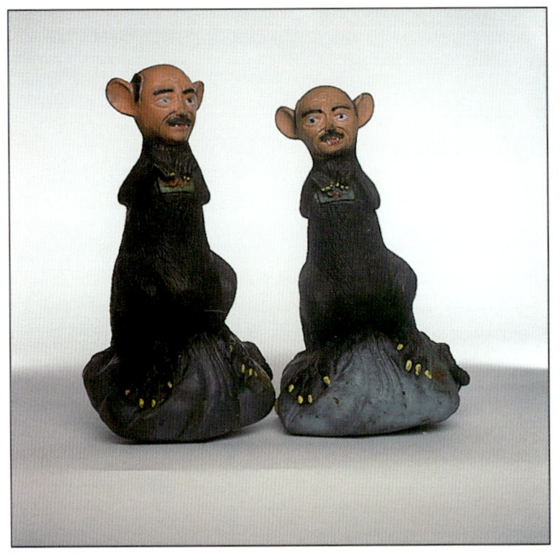

67

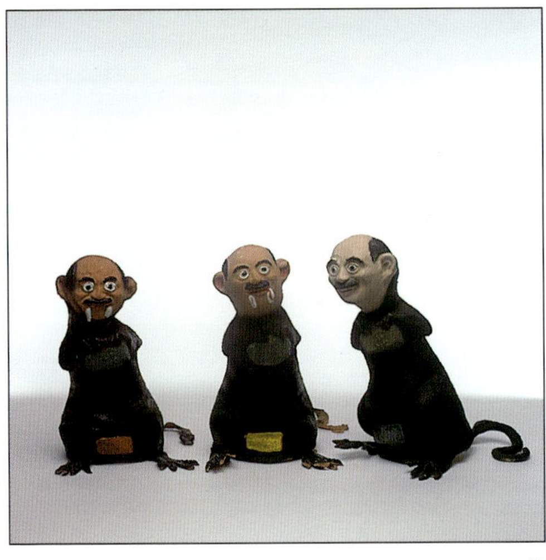

68

66 Stuffed rat with
    papier-mâché head
    Rata disecada con
    cabeza de papel

67 Rubber rats
    Ratas de hule

68 Rubber rats
    Ratas de hule

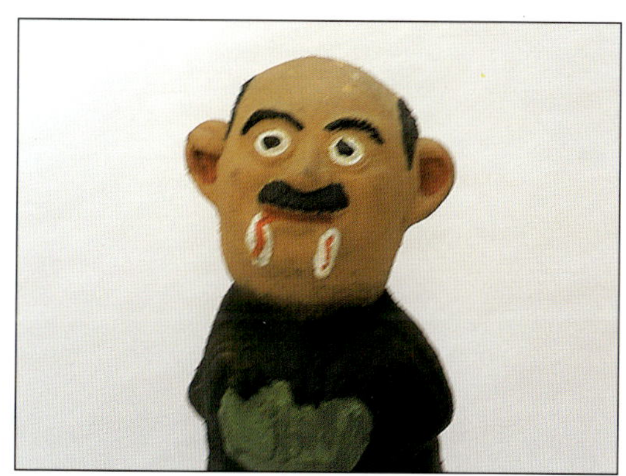

69

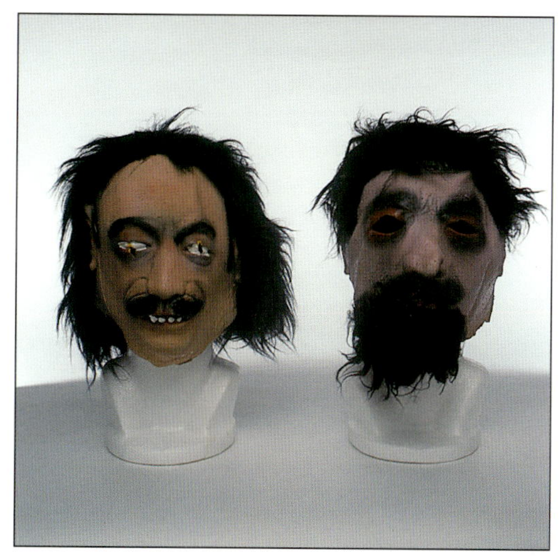

70

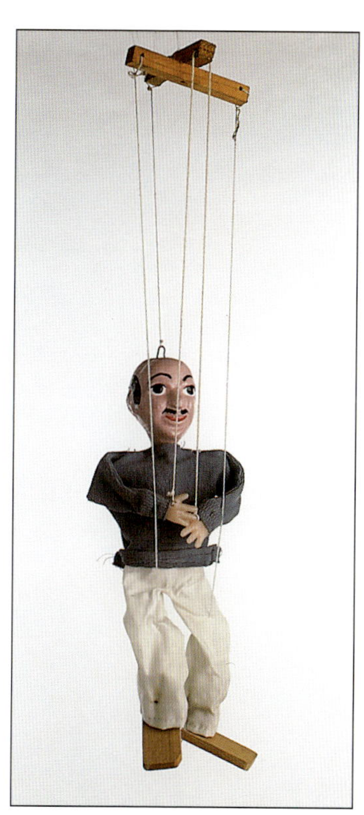

71

69 Rubber rat (detail)
    Rata de hule (detalle)

70 Rubber masks with fur
    Máscara de látex con peluche

71 Puppet from Tijuana
    Títere de Tijuana

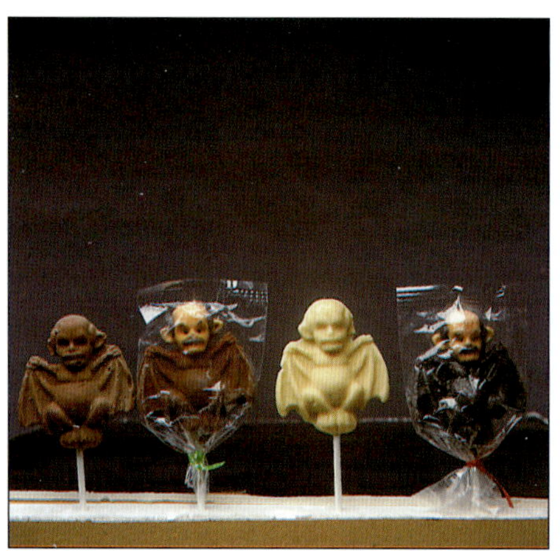

72

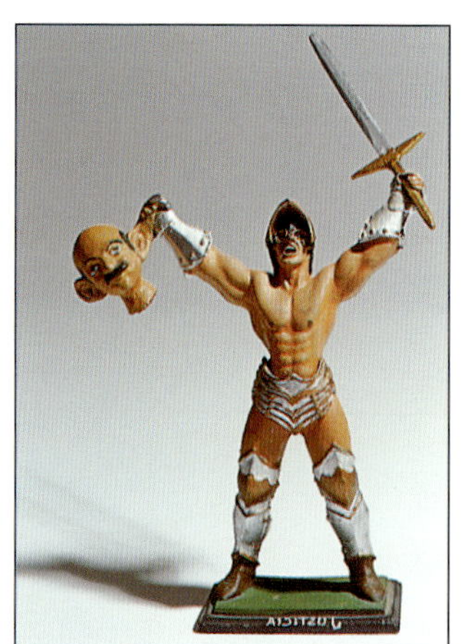

73

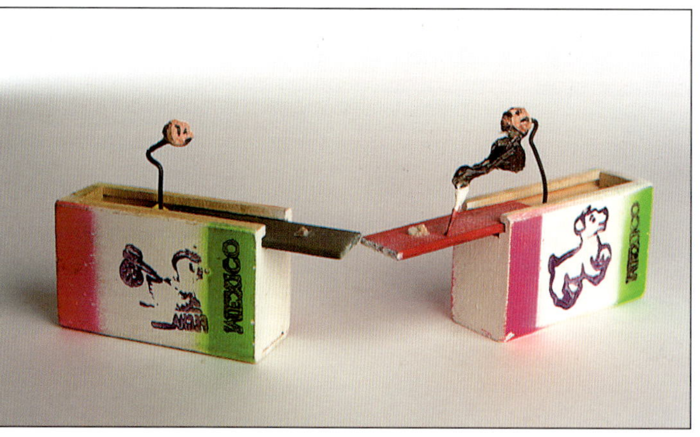

74

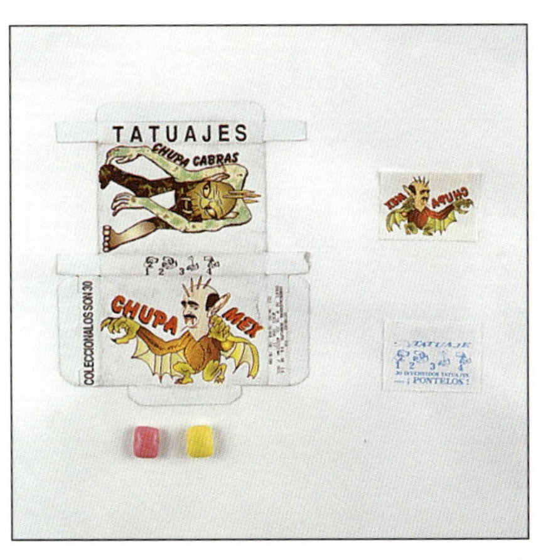

75

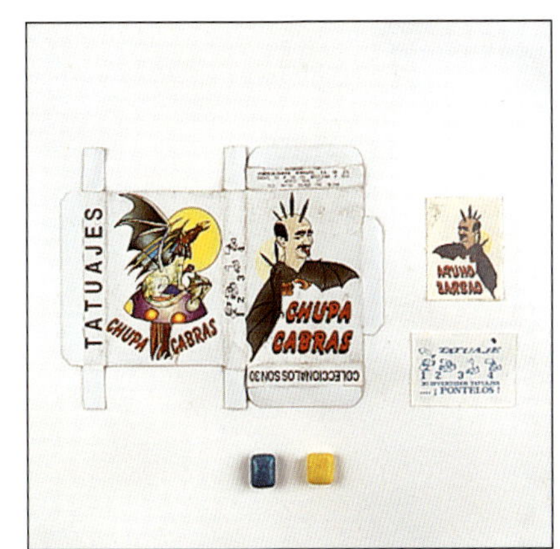

76

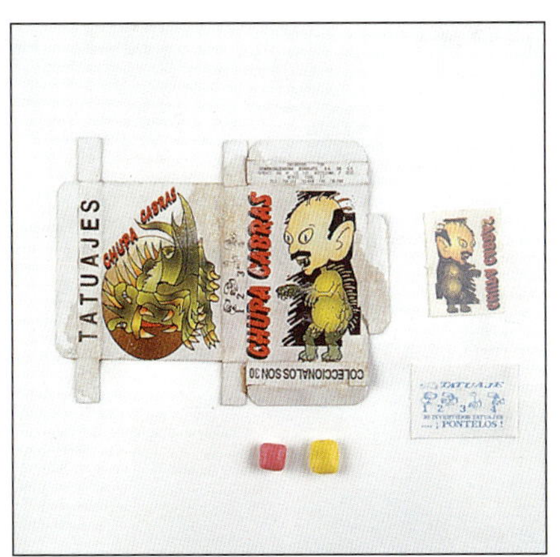

77

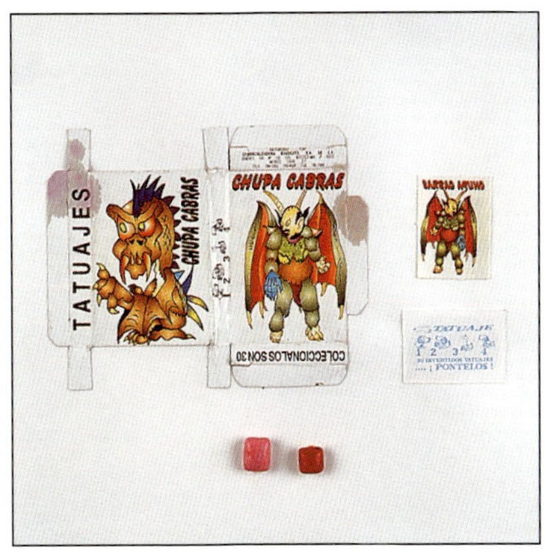

78

75–78 Chewing gum and
temporary tattoos
Tatuajes y chicles

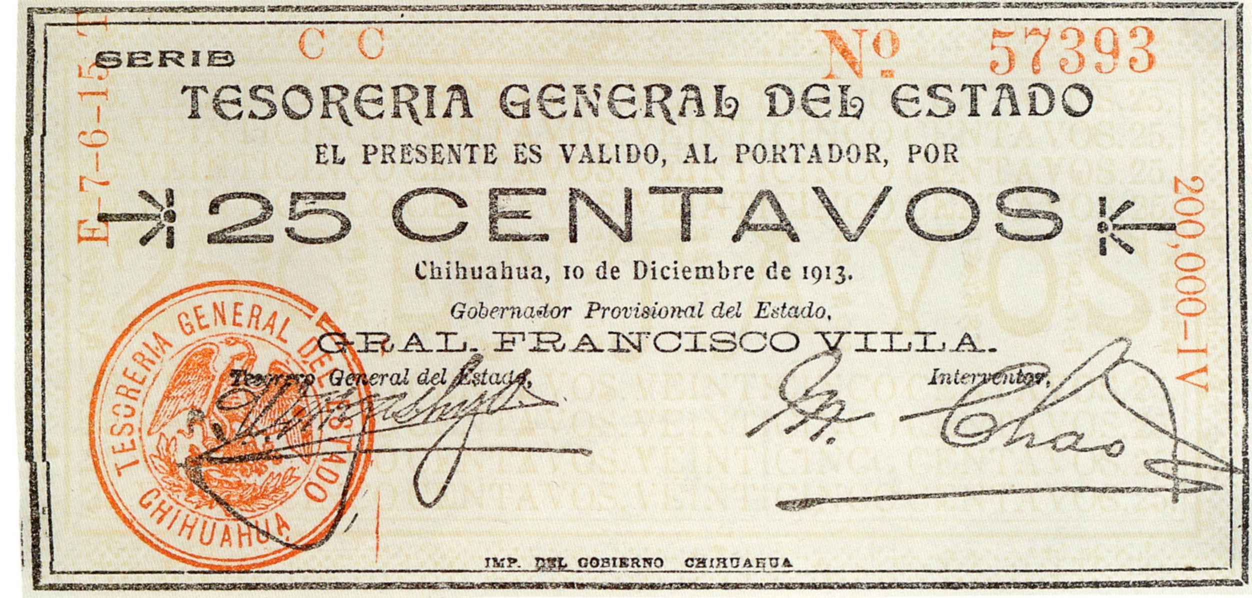

Money printed by
Pancho Villa, 1913
Billete impreso
por Pancho Villa

A PROACTIVE SPACE WITHIN THE LEGAL FRAME, SOME WORDS FROM THE DIRECTOR

During the revolution General Francisco Villa was faced with a grave problem: there was a serious shortage of money throughout the territory he had just liberated. His political counselors were highly concerned that this situation might hinder the progress of the revolution. General Villa—a great military strategist—came up with a simple answer to the dilemma: he ordered the manufacture of money. Why raise funds when you can create your own? Why seek out museums or wait for museums to seek you out when you can start up your own? To form an autonomous zone, a possible space of power and resistance—whether it be a museum or an autonomous district—all you need is an idea.

In March 1996 I opened the Museo Salinas. I arranged my collection of Salinas trinkets, which I'd bought in the streets, in the bathroom of my apartment; I hung a sign on the door and had business cards made with the inscription "Vicente Razo, Museo Salinas Director." That's all I needed to do to create an autonomous space.

And that's when I found out that the response elicited by the word "museum" was very similar to that of Pavlov's famous dogs: in the art beast, it leads to a conditioned, constant, and fluid reflex, an intellectual secretion that my museum uses and abuses as if it were casting a spell. An invisible pedestal is created thanks to the power of the word "museum." The simple action of christening my toilet a museum had a magical effect: everyone from artists and homemakers to bureaucrats and reporters from all over the world filed through the bathroom-museum.

When I founded the Museo Salinas, I had in mind the importance and function of the museum within society's psyche.

UN ESPACIO DE PARTICIPACIÓN ACTIVA EN UN MARCO DE LEGALIDAD, UNAS PALABRAS DEL DIRECTOR.

Durante la Revolución, entre los múltiples problemas que el General Francisco Villa enfrentó a lo largo del territorio que recién había liberado, destacaba el de la escasez de dinero. Sus consejeros políticos se hallaban inquietos ante las posibles consecuencias que la carencia de liquidez supondría para el buen curso de la Revolución. El General Villa –gran estratega militar- resolvió el dilema con una simple maniobra: ordenó la fabricación de más dinero. ¿Por qué pedir dinero si se puede elaborar el propio..? La misma línea de pensamiento me encaminó a la siguiente pregunta: ¿Por qué esperar o buscar al museo, si se puede empezar uno propio?. Para crear una zona autónoma, un posible espacio de poder y resistencia lo único que se necesita es una idea.

Y así, en marzo de 1996, inauguré el Museo Salinas. Coloqué mi colección de objetos callejeros sobre Salinas en el baño de mi casa, puse un letrero en la puerta y me mandé hacer una tarjeta de presentación con la leyenda Vicente Razo, Director Museo Salinas. Fue todo cuanto hizo falta para fundar un espacio autónomo.

Entonces descubrí que la respuesta a la palabra museo es muy parecida a aquella de los famosos perros de Pavlov: provoca en la bestia artística una réplica condicionada, constante y fluida; una secreción intelectual usada y abusada —a manera de encantamiento—, que levanta un pedestal invisible a lo que muestra gracias al artificio y poder de la palabra museo. El simple acto de bautizar a mi baño como museo produjo efectos mágicos: desde artistas —pasando por amas de casas y burócratas— hasta periodistas de todas nacionalidades transitaron por mi museo-baño.

Cuando fundé el Museo Salinas, tenía en mente la impor-

Psychologically, the museum can be seen as the filter that regulates and selects which objects or historical documents migrate towards society's conscious or articulated side, and which are forgotten or ignored, cast onto the rubbish heap of a society's unconscious or latent side.

Considering this, and considering the torpid state of Mexican museums—which are immersed in a colonized and elitist agenda, with an atrophied bureaucratic corps afraid of any fragment of reality they might be expected to represent—I decided that it would be a healthy and necessary act to grant these singular testimonies of contemporary Mexican history a space in a museum: I wanted to "activate" these objects.

My primary goal was to document and safeguard a key element in the country's art practice, to preserve these radical works—at once extremely beautiful and with an ephemeral street-based lifespan—which would have been forgotten, doomed to be scoffed at by the powers that be, had they not been collected.

The Museo Salinas and its public dissemination functioned—and, in the manner of a myth, continue to do so—like a trench of resistance for an army of knick-knacks perfectly suited to public political intrigue.

To paraphrase Diego Rivera writing about Posada: "Certainly no other president has been so unlucky as to have the incomparable makers of these objects as the narrators and judges of his ways, deeds, and adventures."

tancia y el rol que la institución-museo juega en la psique social. El museo puede ser visto, psicológicamente, como un filtro que regula y selecciona qué objetos o documentos de la historia migran hacia el lado consciente o articulado de la sociedad, y cuáles permanecen olvidados o despreciados, destinados a subsistir como despojos en el lado inconsciente o marginal de una sociedad.

A partir de estas reflexiones y considerando el entumecido estado de los museos mexicanos —inmersos en una agenda colonizada y elitista, con un cuerpo burocrático atrofiado, y temerosos de todo fragmento de realidad que tengan que afrontar— decidí que sería un acto saludable y necesario otorgarles el espacio de un Museo a estos singulares testimonios de la historia contemporánea de México: activar estos objetos.

Mi intención principal fue registrar y atesorar un punto clave en la práctica artística nacional; preservar estas radicales obras —de belleza extrema y de existencia efímera y callejera— que, de no haber sido recolectadas, habrían sido olvidadas, destinadas al menosprecio del poder.

El Museo Salinas y su difusión funcionaron —y lo continúan haciendo a manera de mito— como una trinchera de resistencia para un ejército de bagatelas cabales y efectivas en la intriga publica y política.

Termino parafraseando a Diego Rivera cuando escribió sobre Posada: "Seguramente, ningún presidente ha tenido tan mala suerte, por haber tenido como relator y justiciero de sus modos, acciones y andanzas, a los incomparables creadores de estos objetos".

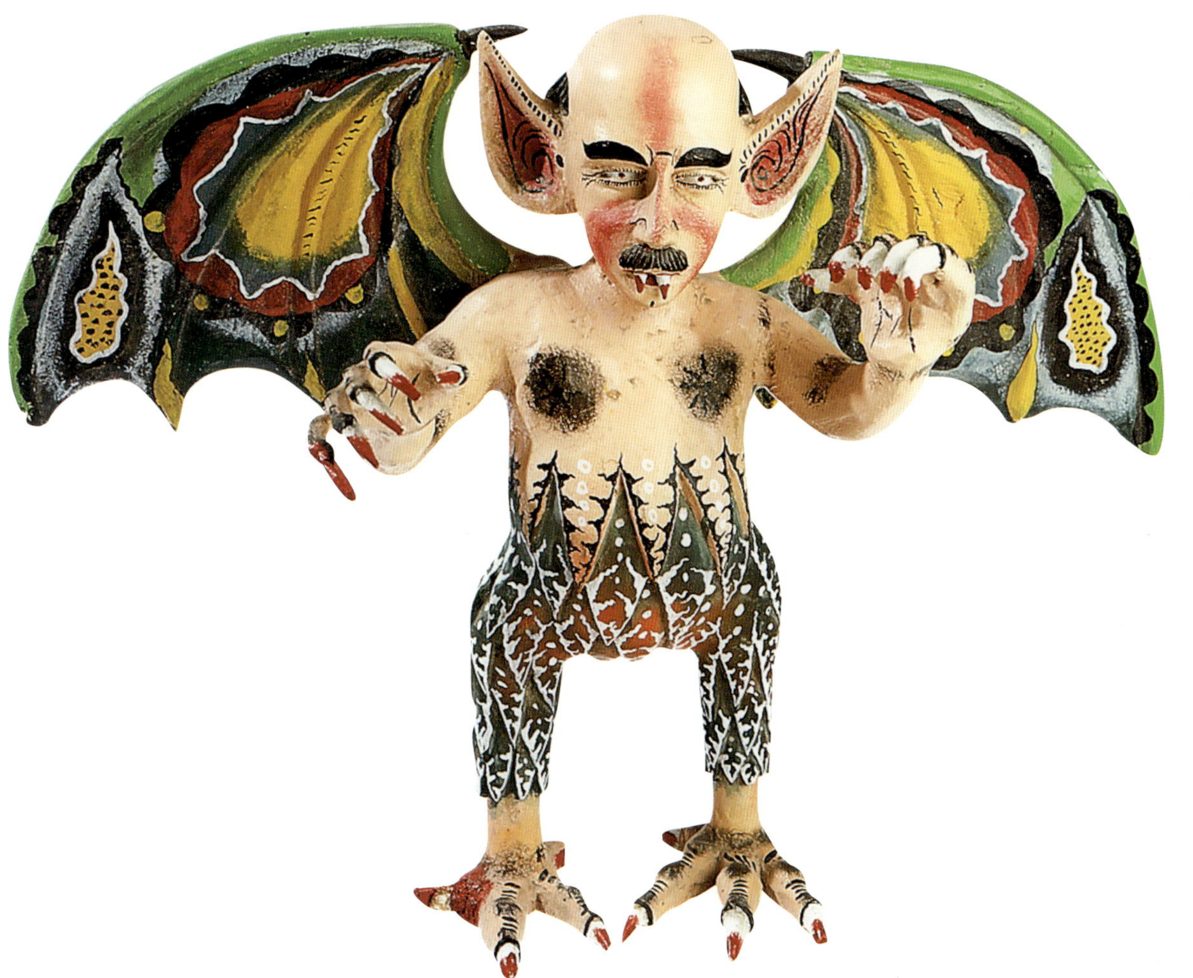

Wooden figure of Salinas
as a demon made in
Chilapa de Alvarez,
Guerrero, Mexico, 1998
Figura de madera de
Salinas como demonio
hecha en Chilapa de
Alvarez, Guerrero,
México, 1998

SMART READER PAGE

Smart Art Press 2525 Michigan Ave., C1 Santa Monica CA 90404
Tel: 310.264.4678 Fax: 310.264.4682 www.track16.com

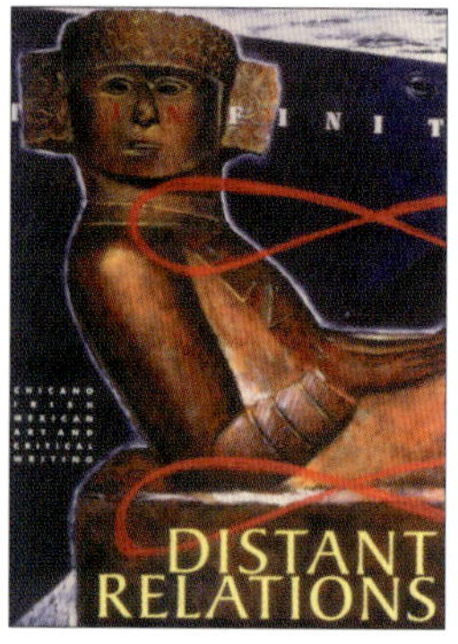

1.

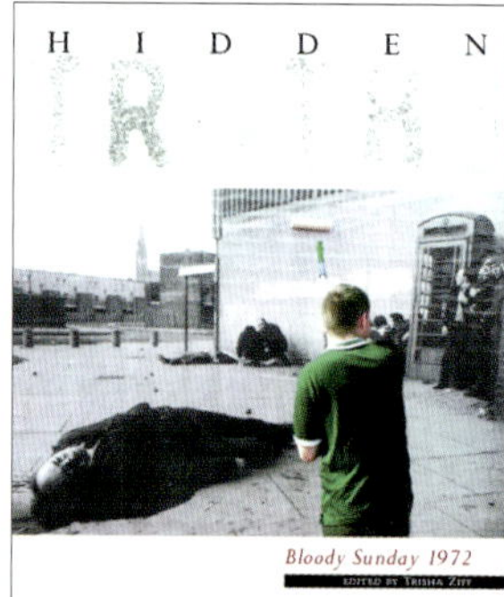

2.

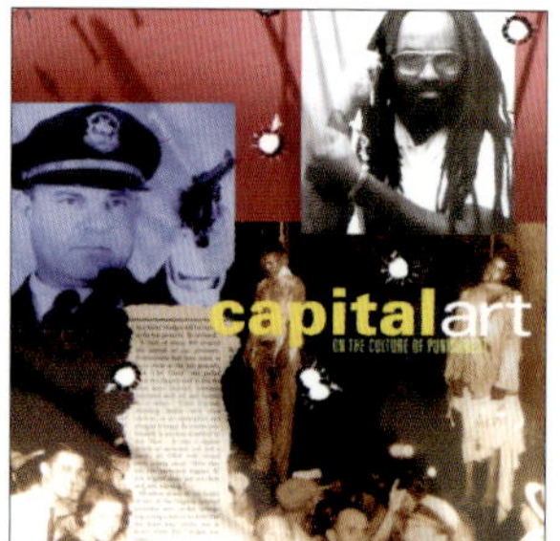

3.

1. **Distant Relations: Chicano, Irish, Mexican Art and Critical Writing**
Twelve artists and twenty-one writers of Chicano, Irish, and Mexican heritage tackle the issue of how to mount an effective front against the dominant cultures around them in this absorbing anthology of art and critical writing. Writers include Gerry Adams, Richard Rodriguez, Rubén Martinez, Bill Rolston, and Eva Sperling Cockroft. Edited by Trisha Ziff.
Softcover, 9¼ x 6½ inches
286 pp
25 color and 34 black-and-white reproductions
ISBN 0-9646426-1-1
$25
1995

2. **Hidden Truths: Bloody Sunday 1972**
This moving anthology uses analysis, interviews, personal accounts, and images to examine the personal and political implications generated by Bloody Sunday and its impact on the present from several different perspectives. Writers include Gerry Adams, Elaine Brotherton, Joelle Gartner, Luke Gibbons, Tom Hayden, Don Mullan, Gilles Peress, Peter Pringle, and Trisha Ziff. Edited by Trisha Ziff.
Softcover, 9¼ x 7¾ inches
200 pp
Color and black-and-white reproductions throughout
ISBN 1-889195-18-9
$25
1998

3. **Capital Art: On the Culture of Punishment**
"Within this catalogue, Smart Art Press is proud to champion the provocative political work of 57 individual artists. We thank them and the organizers of this exhibition, who feel a deep responsibility to draw attention to oppressive conditions that can only be changed with unrelenting protest." -- Tom Patchett
More than 60 black-and-white images. Some of the artists featured are Sandow Birk, John Outterbridge, Robbie Conal, Dread Scott, Diane Gamboa, William Beccio, and Daniel Martinez. Writings by Mariana Botey, Martin Espada, Mike Ladd, Mark LeVine, Jerry Quickley, Zack de la Rocha, and Sergio Munoz-Sarmiento.
Softcover, 8 x 8 inches
72 pp
ISBN 1-889195-46-4
$15
2001